論語 大學 中庸

【宋】朱　熹　集注

上海古籍出版社

图书在版编目(CIP)数据

论语·大学·中庸／(宋)朱熹集注.—上海：上海
古籍出版社，2013.8(2018.6 重印)
(国学典藏)
ISBN 978-7-5325-6830-7

Ⅰ.①论… Ⅱ.①朱… Ⅲ.①儒家②《论语》—注释
③《大学》—注释④《中庸》—注释 Ⅳ.①B222.22

中国版本图书馆 CIP 数据核字(2013)第 102042 号

国学典藏
论语·大学·中庸
[宋]朱熹 集注

上海世纪出版股份有限公司
上 海 古 籍 出 版 社 出版
(上海瑞金二路 272 号 邮政编码 200020)
(1)网址：www.guji.com.cn
(2)E-mail：guji1@guji.com.cn
(3)易文网网址：www.ewen.co
上海世纪出版股份有限公司发行中心发行经销
江阴金马印刷有限公司印刷
开本 890×1240 1/32 印张 9.375 插页 5 字数 258,000
2013 年 8 月第 1 版 2018 年 6 月第 8 次印刷
印数：16,901—20,000
ISBN 978-7-5325-6830-7
B·816 定价：22.00 元
如有质量问题，请与承印公司联系

论　语

前　言

金良年

　　凡对中国传统文化稍有了解的人，都不会不知道孔子。孔子是我国古代儒家学说的开创者，他生于"礼崩乐坏"的春秋时代（前770—前476），以恢复古代的文化传统为己任，收徒讲学，奔走于列国，为实现自己的政治理想到处呼吁。他在世时，许多人对他的行为不很理解，说他"是知其不可而为之者"（《论语·宪问》），或嘲笑他"累累若丧家之狗"（《史记·孔子世家》），但他的弟子却认为，"夫子之不可及也，犹天之不可阶而升也"，"仲尼不可毁也，他人之贤者丘陵也，犹可逾也，仲尼，日月也，无得而逾焉"（《论语·子张》）。如果说，"仲尼不可毁"出于孔子弟子之口还带有感情或尊师因素的话，那么，对于两千多年之后的今天，这已经是不可否认的事实。孔子之所以"不可毁"，并非因为他的思想学说毫无缺点，而是说像他那样对民族文化传统具有重大影响的人物，是不可能也不应该简单加以否定或废弃的。

　　孔子毕生以教学为己任，自称是"述而不作"（《论语·述而》），并没有留下有系统的著述。相传儒家经典中的《易》、《书》、《诗》、《礼》、《春秋》都经过他的整理，曾用来作为教授学生的课本，但据后人研究，这种说法不完全可靠。后人了解和研究孔子思想学说的基本文献是《论语》。《论语》是一部记载孔子及其弟子言论的著作，"语"是古代的一种著作体裁，《周礼》"春官宗伯"郑玄注称："答述曰语。"它有别于无固定对象直陈己说的"言",如《国语》就是分国记载春秋时代士大夫问答应对之语的著作,《国语·郑语》还征引过上古时代的《训语》。西汉初年陆贾论述秦亡汉兴的著作称《新语》,所谓"新",是相对于旧而言。由此可见,先秦古籍中征引的"语曰",可能就出于这类语书。今人一般把这类"语曰"理解为俗语,其实,口头俗语当时一般称为"谚"或"人有言",而不称"语"。当时有记言备忘的习惯(《论语·卫灵公》"子张书诸绅"),官府中也有专门记言的史官,"语书"多半是依据这些记录而编纂的。

《汉书·艺文志》说:"《论语》者,孔子应答弟子、时人及弟子相与言而接闻于夫子之语也。当时弟子各有所记,夫子既卒,门人相与辑而论纂,故谓之'论语'。"对于《论语》成书的这一记载,我们必须注意到,参与结集的弟子并非是全部(前人曾根据《论语》中对孔门弟子的不同称呼,推测其可能出于哪些弟子之手),而且,这些弟子的见解并不完全一致,"孔、墨之后,儒分为八,墨离为三,取舍相反不同而皆自谓真孔、墨"(《韩非子·显学》),这显然对于材料的选择是有影响的。其次,弟子们所"辑而论纂"的仅是他们随从孔子时的见闻记录,并非孔子全部的言论记录,因此,《论语》不是研究孔子思想的唯一文献资料。换言之,《论语》中的孔子言论并不完全可靠,而《论语》之外还有可信的孔子言论。

这部出于孔门弟子编纂的《论语》经战国辗转流传到汉代,其中又经过了一些传抄者在文字上的润饰,大致形成了分为二十篇的本子,而且由于传述者的不同,篇中的分章和文字也有一些差别。到汉武帝时,逐渐形成了三个不同系统的本子,即孔壁出土的古文本和齐、鲁学者传述的齐《论》和鲁《论》。汉元帝初年,经学博士张禹因为教授太子(即后来的汉成帝)学习《论语》的需要,编定了一种读本,到了汉成帝当政时,这个本子也因而成了《论语》的权威读本,被称为"张侯《论》"，据《汉书·张禹传》说："诸儒为之语曰：'欲为《论》，念张文。'由是学者多从张氏，馀家寝微。"尽管如此，当时的《论语》流传家数仍然比较混杂，东汉前期的王充曾批评说："目或少或多，文赞或是或误，说《论语》者但知以剥解之问，以纤微之难，不知存问本根篇数章目。"(《论衡·正说》)到了东汉末年，著名学者郑玄参考前人的成果，对流传下来的《论语》不同本子又进行了一次整理。一般认为，我们现在看到的《论语》面貌基本上定型于郑玄。

自从孔子和《论语》成为历史之后，历代对之的研究从来就不是纯学术的，而是和不同时代的政治、思想、文化需要紧密联系在一起的。因此，我们通过历史上种种《论语》注释本见到的，实际上是适应不同时代政治思想需求的孔子。宋代以来，《论语》最流行的注释本是由朱熹编定的《论语集注》。这部著作是宋代理学的代表性经典，朱熹通过对《论语》的注释，阐发了理学的基本思想，虽然篇幅不大，但却花费了他几乎大半生的精力和心血。据他自己说，他从三十岁开始对《论语》和《孟子》的注释下工夫推敲，直到晚年还"改犹未了"，前后经过"四十余年理会，中间逐字称等，不教偏些子"(《朱子语类》卷十九)。正如周予同先生所指出：朱熹对包括《论语》在内的"四书"所作的注释，"为其一生精力之所萃，其剖析疑似，辨别毫厘，虽时有疏忽之处，不免后人之讥议；然当微言大义之际，托经学以言哲学，实自有其宋学之主观立场"(《朱熹》，载《周予同经学史论著选集》)。

《论语》的研读看似容易，因为其中的许多话已经演变为我们已经熟悉的成语或俗语，如"举一反三"、"怨天尤人"、"既往不咎"、"任重道远"等等，看起来似曾相识，但成为熟语的《论语》原意却并不一定如此，切忌望文生义。而且历代注释本对其中一些基本概念的疏释，既有普遍性的一面，又有贯彻自己思想学说的一面，因此对注释本的参考亦需进行分析,不能简单照搬。其次,《论语》不是一部有系统的论著,而且涉及的范围又相当广泛,正如朱熹所说:《论语》"言语散见,初看亦难"(《朱子语类》卷十四),"夫子教人,零零星星,说来说去,合来合去,合成一个大物事"(同上,卷十九)。要完整理解孔子的见解,就必须把《论语》中相关的论述综合贯穿起来观照,所以历来指导读《论语》的都有开始通读,然后专题阅读深入理解之法。第三,也是最难的一点是,孔子对弟子和时人的应答,有许多是"因材施教"或"引而不发"式的,有的言论已经缺失了语境,我们难以知道孔子的针对性。就拿《论语》开篇第一章来说,"学而时习之不亦说乎,有朋自远方来不亦乐乎,人不知而不愠不亦君子乎",孔子是在什么时候对什么人说这番话的,已经无法弄清了,这不能不影响我们对这些言论的理解。又如《论语·先进》中有这样的记载:"子路问:'闻斯行诸?'子曰:'有父兄在,如之何其闻斯行之。'冉有问:'闻斯行诸?'子曰:'闻斯行之。'公西华曰:'由也问闻斯行诸,子曰有父兄在;求也问闻斯行诸,子曰闻斯行之。赤也惑,敢问。'子曰:'求也退,故进之;由也兼人,故退之。'"对于同样的问题,由于对象的不同,孔子可以有两种完全相反的答复。像这样的言论,在《论语》应该不是个案,但像这章有明确的对比和解答的却很少。如果我们不加注意,那么,可能从字面上得出的理解,却正是孔子所否定或批评的。所以朱熹就曾告诫门人弟子说,"《论语》逐文逐意各是一义,故用子细静观","《论语》须是玩味",不能只"拣个紧要底看","须从头看,无精无粗,无浅无深,且都玩味得熟,道理自然出"(《朱子语类》卷十九)。朱熹指导读"四书"的次序,把《大学》放在前面,然后才是《论语》,与《论语》在文本上的特殊性和阅读的难度不无关系。

由此可见,抓住《论语》中的片断论述进行发挥,即使说得有道理,那也是发挥者在借着孔子的名义说自己想要说的话,很难说就是孔子的见解,而且这也是孔子之后历代都有的现象。鲁迅曾经深刻地指出:"总而言之,孔夫子之在中国,是权势者们捧起来的,是那些权势者或想做权势者们的圣人,和一般的民众并无什么关系。然而对于圣庙,那些权势者也不过一时的热心。因为尊孔的时候已经怀着别样的目的,所以目的一达,这器具就无用,如果不达呢,那可更加无用了。在三四十年以前,凡有企图获得权势的人,就是希望做官的人,都是读'四书'和'五经',做'八股',别一些人就将这些书籍和文章,统名之为'敲门砖'。这就是说,文官考试一及第,这些东西也就同时被忘却,恰如敲门时所用的砖头一样,门一开,这砖头也就被抛掉了。孔子这人,其实是自从死了以后,也总是当着'敲门砖'的差使的。"(《且介亭杂文二集·在现代中国的孔夫子》)

此次整理,我们以宋代当涂郡斋刻本《四书章句集注》为底本,校以其他宋、元本,底本误者据校本径改,不出校记。

目　录

论语序说

朱 熹

《史记·世家》曰："孔子名丘,字仲尼。其先宋人。父叔梁纥,母颜氏。以鲁襄公二十二年庚戌之岁,十一月庚子,生孔子于鲁昌平乡陬邑。为儿嬉戏,常陈俎豆,设礼容。及长,为委吏,料量平;[1]为司职吏,畜蕃息。[2]适周,问礼于老子。既反,而弟子益进。昭公二十五年甲申,孔子年三十五,而昭公奔齐,鲁乱。于是适齐,为高昭子家臣,以通乎景公。[3]公欲封以尼谿之田,晏婴不可,公惑之。[4]孔子遂行,反乎鲁。定公元年壬辰,孔子年四十三,而季氏强僭,其臣阳虎作乱专政。故孔子不仕,而退修《诗》、《书》、《礼》、《乐》,弟子弥众。九年庚子,孔子年五十一。公山不狃以费畔季氏,召,孔子欲往,而卒不行。[5]定公以孔子为中都宰,一年,四方则之,遂为司空,又为大司寇。十年辛丑,相定公会齐侯于夹谷,齐人归鲁侵地。十二年癸卯,使仲由为季氏宰,堕三都,收其甲兵。孟氏不肯堕成,围之不克。十四年乙巳,孔子年五十六,摄行相事,诛少正卯,与闻国政。三月,鲁国大治。齐人归女乐以沮之,季桓子受之。郊又不致膰俎于大夫,孔子行。[6]适卫,主于子路妻兄颜浊邹家。[7]适

11

陈,过匡,匡人以为阳虎而拘之。[8]既解,还卫,主蘧伯玉家,见南子。[9]去,适宋,司马桓魋欲杀之。[10]又去,适陈,主司城贞子家。居三岁而反于卫,灵公不能用。[11]晋赵氏家臣佛肸以中牟畔,召孔子,孔子欲往,亦不果。[12]将西见赵简子,至河而反,又主蘧伯玉家。灵公问陈,不对而行,复如陈。[13]季桓子卒,遗言谓康子必召孔子,其臣止之,康子乃召冉求。[14]孔子如蔡及叶。[15]楚昭王将以书社地封孔子,令尹子西不可,乃止。[16]又反乎卫,时灵公已卒,卫君辄欲得孔子为政。[17]而冉求为季氏将,与齐战有功,康子乃召孔子,而孔子归鲁,实哀公之十一年丁巳,而孔子年六十八矣。[18]然鲁终不能用孔子,孔子亦不求仕,乃叙《书传》、《礼记》,[19]删《诗》正《乐》,[20]序《易》、《彖》、《系》、《象》、《说卦》、《文言》。[21]弟子盖三千焉,身通六艺者七十二人。[22]十四年庚申,鲁西狩获麟,[23]孔子作《春秋》。[24]明年辛酉,子路死于卫。十六年壬戌四月己丑,孔子卒,年七十三,葬鲁城北泗上。弟子皆服心丧三年而去,唯子贡庐于冢上,凡六年。孔子生鲤,字伯鱼,先卒。伯鱼生伋,字子思,作《中庸》。"[25]

何氏曰:"《鲁论语》二十篇。《齐论语》别有《问王》、《知道》,凡二十二篇,其二十篇中章句,颇多于《鲁论》。《古论》出孔氏壁中,分《尧曰》下章子张问以为一篇,有两《子张》,凡二十一篇,篇次不与《齐》、《鲁论》同。"

程子曰:"《论语》之书,成于有子、曾子之门人,故其书独二子以子称。"

程子曰:"读《论语》,有读了全然无事者,有读了后其中得一两句喜者,有读了后知好之者,有读了后直有不知手之舞之足之蹈之者。"

程子曰:"今人不会读书。如读《论语》,未读时是此等人,读了后又只是此等人,便是不曾读。"

程子曰:"颐自十七八读《论语》,当时已晓文义。读之愈久,但觉意味深长。"

【朱子自注】

[1] 委吏,本作季氏史。《索隐》云:"一本作委吏,与《孟子》合。"今从之。

[2] 职,见《周礼·牛人》,读为牺,义与牷同,盖系养牺牲之所。此官即《孟子》所谓乘田。

[3] 有闻《韶》、问政二事。

[4] 有季孟、吾老之语。

[5] 有答子路东周语。

[6] 《鲁世家》以此以上皆为十二年事。

[7] 《孟子》作颜雠由。

[8] 有颜渊后及文王既没之语。

[9] 有矢子路及未见好德之语。

[10] 有天生德语及微服过宋事。

[11] 有三年有成之语。

[12] 有答子路坚白语及荷蒉过门事。

[13] 据《论语》,则绝粮当在此时。

[14] 《史记》以《论语》归与之叹为在此时,又以《孟子》所记叹辞为主司城贞子时语,疑不然。盖《语》、《孟》所记,本皆此一时语,而所记有异同耳。

[15] 有叶公问答,子路不对,沮、溺耦耕,荷蓧丈人等事。《史记》

云:"于是楚昭王使人聘孔子,孔子将往拜礼,而陈、蔡大夫发徒围之,故孔子绝粮于陈、蔡之间。"有愠见及告子贡一贯之语。按:是时陈、蔡臣服于楚,若楚王来聘孔子,陈、蔡大夫安敢围之?且据《论语》,绝粮当在去卫如陈之时。

[16]《史记》云"书社地七百里",恐无此理。时则有接舆之歌。

[17] 有鲁、卫兄弟及答子贡夷齐、子路正名之语。

[18] 有对哀公及康子语。

[19] 有杞宋、损益、从周等语。

[20] 有语太师及乐正等语。

[21] 有假我数年之语。

[22] 弟子颜回最贤,蚤死,后唯曾参得传孔子之道。

[23] 有莫我知之叹。

[24] 有知我、罪我等语,《论语》请讨陈恒事亦在是年。

[25] 子思学于曾子,而孟子受业子思之门人。

读论语孟子法

朱　熹

　　程子曰："学者当以《论语》、《孟子》为本。《论语》、《孟子》既治，则《六经》可不治而明矣。读书者当观圣人所以作经之意，与圣人所以用心，圣人之所以至于圣人，而吾之所以未至者，所以未得者。句句而求之，昼诵而味之，中夜而思之，平其心，易其气，阙其疑，则圣人之意可见矣。"

　　程子曰："凡看文字，须先晓其文义，然后可以求其意。未有不晓文义而见意者也。"

　　程子曰："学者须将《论语》中诸弟子问处便作自己问，圣人答处便作今日耳闻，自然有得。虽孔、孟复生，不过以此教人。若能于《语》、《孟》中深求玩味，将来涵养成甚生气质！"

　　程子曰："凡看《语》、《孟》，且须熟读玩味。须将圣人言语切己，不可只作一场话说。人只看得二书切己，终身仅多也。"

　　程子曰："《论》、《孟》只剩读着，便自意足。学者须是玩味。若以语言解着，意便不足。"

　　或问："且将《论》、《孟》紧要处看，如何？"程子曰："固是好,但终是不浃洽耳。"

程子曰:"孔子言语句句是自然,孟子言语句句是事实。"

程子曰:"学者先读《论语》、《孟子》,如尺度权衡相似,以此去量度事物,自然见得长短轻重。"

程子曰:"读《论语》、《孟子》而不知道,所谓'虽多,亦奚以为'。"

卷第一

学而第一

子曰:"学而时习之,不亦说乎?[1]有朋自远方来,不亦乐乎?[2]人不知而不愠,不亦君子乎?"[3]

【朱子集注】

[1] 说,悦同。○学之为言效也。人性皆善,而觉有先后,后觉者必效先觉之所为,乃可以明善而复其初也。习,鸟数飞也。学之不已,如鸟数飞也。说,喜意也。既学而又时时习之,则所学者熟,而中心喜说,其进自不能已矣。○程子曰:"习,重习也。时复思绎,浃洽于中,则说也。"又曰:"学者,将以行之也。时习之,则所学者在我,故说。"谢氏曰:"时习者,无时而不习。坐如尸,坐时习也;立如齐,立时习也。"

[2] 乐,音洛。○朋,同类也。自远方来,则近者可知。程子曰:"以善及人,而信从者众,故可乐。"又曰:"说在心,乐主发散在外。"

[3] 愠,纡问反。○愠,含怒意。君子,成德之名。尹氏曰:"学在己,知不知在人,何愠之有?"程子曰:"虽乐于及人,不见是而无闷,乃所谓君子。"愚谓及人而乐者顺而易,不知而不愠者逆而难,故惟成德者能之。然德之所以成,亦曰学之正、习之熟、说之深而不已焉耳。○程子曰:"乐由说而后得,非乐不足以语君子。"

有子曰:"其为人也孝弟,而好犯上者,鲜矣;不好犯上,而好作乱者,未之有也。[1]君子务本,本立而道生。孝弟也者,其为仁之本与!"[2]

【朱子集注】

[1] 弟、好,皆去声。鲜,上声,下同。〇有子,孔子弟子,名若。善事父母为孝,善事兄长为弟。犯上,谓干犯在上之人。鲜,少也。作乱,则为悖逆争斗之事矣。此言人能孝弟,则其心和顺,少好犯上,必不好作乱也。

[2] 与,平声。〇务,专力也。本,犹根也。仁者,爱之理,心之德也。为仁,犹曰行仁。与者,疑词,谦退不敢质言也。言君子凡事专用力于根本,根本既立,则其道自生。若上文所谓孝弟,乃是为仁之本,学者务此,则仁道自此而生也。〇程子曰:"孝弟,顺德也,故不好犯上,岂复有逆理乱常之事? 德有本,本立则其道充大。孝弟行于家,而后仁爱及于物,所谓亲亲而仁民也。故为仁以孝弟为本。论性,则以仁为孝弟之本。"或问:"孝弟为仁之本,此是由孝弟可以至仁否?"曰:"非也。谓行仁自孝弟始,孝弟是仁之一事。谓之行仁之本则可,谓是仁之本则不可。盖仁是性也,孝弟是用也,性中只有个仁、义、礼、智四者而已,曷尝有孝弟来? 然仁主于爱,爱莫大于爱亲,故曰:'孝弟也者,其为仁之本与!'"

子曰:"巧言令色,鲜矣仁!"[1]

【朱子集注】

[1] 巧,好。令,善也。好其言,善其色,致饰于外,务以悦人,则人欲肆而本心之德亡矣。圣人辞不迫切,专言鲜,则绝无可知,学者所当深戒也。〇程子曰:"知巧言令色之非仁,则知仁矣。"

曾子曰:"吾日三省吾身:为人谋而不忠乎? 与朋友交而不信乎? 传不习乎?"[1]

【朱子集注】

[1] 省,悉井反。为,去声。传,平声。○曾子,孔子弟子,名参,字子舆。尽己之谓忠,以实之谓信。传谓受之于师,习谓熟之于己。曾子以此三者日省其身,有则改之,无则加勉,其自治诚切如此,可谓得为学之本矣。而三者之序,则又以忠信为传习之本也。○尹氏曰:"曾子守约,故动必求诸身。"谢氏曰:"诸子之学,皆出于圣人,其后愈远而愈失其真。独曾子之学,专用心于内,故传之无弊,观于子思、孟子可见矣。惜乎其嘉言善行,不尽传于世也。其幸存而未泯者,学者其可不尽心乎!"

子曰:"道千乘之国,敬事而信,节用而爱人,使民以时。"[1]

【朱子集注】

[1] 道、乘,皆去声。○道,治也。马氏云:"八百家出车一乘。"千乘,诸侯之国,其地可出兵车千乘者也。敬者,主一无适之谓。敬事而信者,敬其事而信于民也。时,谓农隙之时。言治国之要,在此五者,亦务本之意也。○程子曰:"此言至浅,然当时诸侯果能此,亦足以治其国矣。圣人言虽至近,上下皆通。此三言者,若推其极,尧、舜之治亦不过此。若常人之言近,则浅近而已矣。"杨氏曰:"上不敬则下慢,不信则下疑,下慢而疑,事不立矣。敬事而信,以身先之也。《易》曰:'节以制度,不伤财,不害民。'盖侈用则伤财,伤财必至于害民,故爱民必先于节用。然使之不以其时,则力本者不获自尽,虽有爱人之心,而人不被其泽矣。然此特论其所存而已,未及为政也。苟无是心,则虽有政,不行焉。"胡氏曰:"凡此数者,又皆以敬为主。"愚谓五者反复相因,各有次第,读者宜细推之。

子曰:"弟子入则孝,出则弟,谨而信,泛爱众,而亲仁。

行有余力，则以学文。"[1]

【朱子集注】

[1] 弟子之弟，上声。则弟之弟，去声。○谨者，行之有常也。信者，言之有实也。泛，广也。众，谓众人。亲，近也。仁，谓仁者。余力，犹言暇日。以，用也。文，谓《诗》、《书》六艺之文。○程子曰："为弟子之职，力有余则学文，不修其职而先文，非为己之学也。"尹氏曰："德行，本也。文艺，末也。穷其本末，知所先后，可以入德矣。"洪氏曰："未有余力而学文，则文灭其质；有余力而不学文，则质胜而野。"愚谓力行而不学文，则无以考圣贤之成法，识事理之当然，而所行或出于私意，非但失之于野而已。

子夏曰："贤贤易色，事父母能竭其力，事君能致其身，与朋友交言而有信。虽曰未学，吾必谓之学矣。"[1]

【朱子集注】

[1] 子夏，孔子弟子，姓卜，名商。贤人之贤，而易其好色之心，好善有诚也。致，犹委也。委致其身，谓不有其身也。四者皆人伦之大者，而行之必尽其诚，学求如是而已。故子夏言有能如是之人，苟非生质之美，必其务学之至，虽或以为未尝为学，我必谓之已学也。○游氏曰："三代之学，皆所以明人伦也。能是四者，则于人伦厚矣。学之为道，何以加此？子夏以文学名，而其言如此，则古人之所谓学者可知矣。故《学而》一篇，大抵皆在于务本。"吴氏曰："子夏之言，其意善矣。然辞气之间，抑扬太过，其流之弊，将或至于废学。必若上章夫子之言，然后为无弊也。"

子曰："君子不重则不威，学则不固。[1] 主忠信。[2] 无友不如己者。[3] 过则勿惮改。"[4]

【朱子集注】

[1] 重,厚重。威,威严。固,坚固也。轻乎外者,必不能坚乎内,故不厚重则无威严,而所学亦不坚固也。

[2] 人不忠信,则事皆无实,为恶则易,为善则难,故学者必以是为主焉。程子曰:"人道惟在忠信,不诚则无物,且出入无时,莫知其乡者,人心也。若无忠信,岂复有物乎?"

[3] 无、毋通,禁止辞也。友所以辅仁,不如己,则无益而有损。

[4] 勿,亦禁止之辞。惮,畏难也。自治不勇,则恶日长,故有过则当速改,不可畏难而苟安也。程子曰:"学问之道无他也,知其不善,则速改以从善而已。"○程子曰:"君子自修之道当如是也。"游氏曰:"君子之道,以威重为质,而学以成之。学之道,必以忠信为主,而以胜己者辅之。然或吝于改过,则终无以入德,而贤者亦未必乐告以善道,故以过勿惮改终焉。"

曾子曰:"慎终追远,民德归厚矣。"[1]

【朱子集注】

[1] 慎终者,丧尽其礼。追远者,祭尽其诚。民德归厚,谓下民化之,其德亦归于厚。盖终者,人之所易忽也,而能谨之;远者,人之所易忘也,而能追之,厚之道也。故以此自为,则己之德厚,下民化之,则其德亦归于厚也。

子禽问于子贡曰:"夫子至于是邦也,必闻其政。求之与? 抑与之与?"[1]子贡曰:"夫子温、良、恭、俭、让以得之。夫子之求之也,其诸异乎人之求之与?"[2]

【朱子集注】

[1] "之与"之与,平声,下同。○子禽,姓陈,名亢。子贡,姓端木,

21

名赐。皆孔子弟子。或曰:"亢,子贡弟子。"未知孰是。抑,反语辞。

[2] 温,和厚也。良,易直也。恭,庄敬也。俭,节制也。让,谦逊也。五者,夫子之盛德光辉接于人者也。其诸,语辞也。人,他人也。言夫子未尝求之,但其德容如是,故时君敬信,自以其政就而问之耳,非若他人必求之而后得也。圣人过化存神之妙,未易窥测,然即此而观,则其德盛礼恭而不愿乎外,亦可见矣。学者所当潜心而勉学也。○谢氏曰:"学者观于圣人威仪之间,亦可以进德矣。若子贡亦可谓善观圣人矣,亦可谓善言德行矣。今去圣人千五百年,以此五者想见其形容,尚能使人兴起,而况于亲炙之者乎?"张敬夫曰:"夫子至是邦必闻其政,而未有能委国而授之以政者。盖见圣人之仪形而乐告之者,秉彝好德之良心也,而私欲害之,是以终不能用耳。"

子曰:"父在,观其志;父没,观其行;三年无改于父之道,可谓孝矣。"[1]

【朱子集注】

[1] 行,去声。○父在,子不得自专,而志则可知。父没,然后其行可见,故观此足以知其人之善恶。然又必能三年无改于父之道,乃见其孝。不然,则所行虽善,亦不得为孝矣。○尹氏曰:"如其道,虽终身无改可也。如其非道,何待三年?然则三年无改者,孝子之心有所不忍故也。"游氏曰:"三年无改,亦谓在所当改而可以未改者耳。"

有子曰:"礼之用,和为贵。先王之道,斯为美,小大由之。[1]有所不行,知和而和,不以礼节之,亦不可行也。"[2]

【朱子集注】

[1] 礼者,天理之节文,人事之仪则也。和者,从容不迫之意。盖礼

之为体虽严,而皆出于自然之理,故其为用,必从容而不迫,乃为可贵。先王之道,此其所以为美,而小事大事无不由之也。

[2]承上文而言,如此而复有所不行者,以其徒知和之为贵而一于和,不复以礼节之,则亦非复理之本然矣,所以流荡忘反,而亦不可行也。○程子曰:"礼胜则离,故礼之用和为贵。先王之道以斯为美,而小大由之。乐胜则流,故有所不行者,知和而和,不以礼节之,亦不可行。"范氏曰:"凡礼之体主于敬,而其用则以和为贵。敬者,礼之所以立也;和者,乐之所由生也。若有子可谓达礼乐之本矣。"愚谓严而泰,和而节,此理之自然,礼之全体也。毫厘有差,则失其中正,而各倚于一偏,其不可行均矣。

有子曰:"信近于义,言可复也;恭近于礼,远耻辱也;因不失其亲,亦可宗也。"[1]

【朱子集注】

[1]近、远,皆去声。○信,约信也。义者,事之宜也。复,践言也。恭,致敬也。礼,节文也。因,犹依也。宗,犹主也。言约信而合其宜,则言必可践矣。致恭而中其节,则能远耻辱矣。所依者不失其可亲之人,则亦可以宗而主之矣。此言人之言行交际,皆当谨之于始而虑其所终。不然,则因仍苟且之间,将有不胜其自失之悔者矣。

子曰:"君子食无求饱,居无求安,敏于事而慎于言,就有道而正焉,可谓好学也已。"[1]

【朱子集注】

[1]好,去声。○不求安饱者,志有在而不暇及也。敏于事者,勉其所不足。慎于言者,不敢尽其所有余也。然犹不敢自是,而必就有道之

人,以正其是非,则可谓好学矣。凡言道者,皆谓事物当然之理,人之所共由者也。○尹氏曰:"君子之学,能是四者,可谓笃志力行者矣。然不取正于有道,未免有差,如杨、墨学仁义而差者也,其流至于无父无君,谓之好学,可乎?"

子贡曰:"贫而无谄,富而无骄,何如?"子曰:"可也。未若贫而乐,富而好礼者也。"[1]子贡曰:"《诗》云:'如切如磋,如琢如磨。'其斯之谓与?"[2]子曰:"赐也,始可与言《诗》已矣! 告诸往而知来者。"[3]

【朱子集注】

[1]乐,音洛。好,去声。○谄,卑屈也。骄,矜肆也。常人溺于贫富之中,而不知所以自守,故必有二者之病。无谄无骄,则知自守矣,而未能超乎贫富之外也。凡曰"可"者,仅可而有所未尽之辞也。乐则心广体胖而忘其贫,好礼则安处善,乐循理,亦不自知其富矣。子贡货殖,盖先贫后富,而尝用力于自守者,故以此为问。而夫子答之如此,盖许其所已能,而勉其所未至也。

[2]磋,七多反。与,平声。○《诗·卫风·淇澳》之篇。言治骨角者,既切之而复磋之;治玉石者,既琢之而复磨之。治之已精,而益求其精也。子贡自以无谄无骄为至矣,闻夫子之言,又知义理之无穷,虽有得焉,而未可遽自足也,故引是诗以明之。

[3]往者,其所已言者。来者,其所未言者。○愚按:此章问答,其浅深高下,固不待辨说而明矣。然不切则磋无所施,不琢则磨无所措。故学者虽不可安于小成而不求造道之极致,亦不可骛于虚远而不察切己之实病也。

子曰:"不患人之不己知,患不知人也。"[1]

【朱子集注】

　　[1] 尹氏曰:"君子求在我者,故不患人之不己知。不知人,则是非邪正或不能辨,故以为患也。"

为政第二

子曰:"为政以德,譬如北辰,居其所而众星共之。"[1]

【朱子集注】

[1] 共,音拱,亦作拱。〇政之为言正也,所以正人之不正也。德之为言得也,得于心而不失也。北辰,北极,天之枢也。居其所,不动也。共,向也,言众星四面旋绕而归向之也。为政以德,则无为而天下归之,其象如此。〇程子曰:"为政以德,然后无为。"范氏曰:"为政以德,则不动而化,不言而信,无为而成。所守者至简而能御烦,所处者至静而能制动,所务者至寡而能服众。"

子曰:"《诗》三百,一言以蔽之,曰思无邪。"[1]

【朱子集注】

[1]《诗》三百十一篇,言三百者,举大数也。蔽,犹盖也。思无邪,《鲁颂·駉》篇之辞。凡《诗》之言,善者可以感发人之善心,恶者可以惩创人之逸志,其用归于使人得其情性之正而已。然其言微婉,且或各因一事而发,求其直指全体,则未有若此之明且尽者。故夫子言《诗》三百篇,而惟此一言足以尽盖其义,其示人之意亦深切矣。〇程子曰:"思无邪者,诚也。"范氏曰:"学者必务知要,知要则能守约,守约则足以尽博矣。经礼三百,曲礼三千,亦可以一言蔽之,曰毋不敬。"

子曰:"道之以政,齐之以刑,民免而无耻。[1]道之以德,齐之以礼,有耻且格。"[2]

【朱子集注】

[1] 道,音导,下同。○道,犹引导,谓先之也。政,谓法制禁令也。齐,所以一之也。道之而不从者,有刑以一之也。免而无耻,谓苟免刑罚而无所羞愧,盖虽不敢为恶,而为恶之心未尝亡也。

[2] 礼,谓制度品节也。格,至也。言躬行以率之,则民固有所观感而兴起矣,而其浅深厚薄之不一者,又有礼以一之,则民耻于不善,而又有以至于善也。一说:格,正也。《书》曰:"格其非心。"○愚谓政者为治之具,刑者辅治之法,德、礼则所以出治之本,而德又礼之本也。此其相为终始,虽不可以偏废,然政、刑能使民远罪而已,德、礼之效,则有以使民日迁善而不自知。故治民者不可徒恃其末,又当深探其本也。

子曰:"吾十有五而志于学,[1]三十而立,[2]四十而不惑,[3]五十而知天命,[4]六十而耳顺[5],七十而从心所欲,不逾矩。"[6]

【朱子集注】

[1] 古者十五而入大学。心之所之谓之志。此所谓学,即大学之道也。志乎此,则念念在此而为之不厌矣。

[2] 有以自立,则守之固而无所事志矣。

[3] 于事物之所当然,皆无所疑,则知之明而无所事守矣。

[4] 天命,即天道之流行而赋于物者,乃事物所以当然之故也。知此则知极其精,而不惑又不足言矣。

[5] 声入心通,无所违逆,知之之至,不思而得也。

[6] 从,如字。○从,随也。矩,法度之器,所以为方者也。随其心之所欲,而自不过于法度,安而行之,不勉而中也。○程子曰:"孔子生而

知之也,言亦由学而至,所以勉进后人也。立,能自立于斯道也。不惑,则无所疑矣。知天命,穷理尽性也。耳顺,所闻皆通也。从心所欲,不逾矩,则不勉而中矣。"又曰:"孔子自言其进德之序如此者,圣人未必然,但为学者立法,使之盈科而后进,成章而后达耳。"○胡氏曰:"圣人之教亦多术,然其要,使人不失其本心而已。欲得此心者,惟志乎圣人所示之学,循其序而进焉。至于一疵不存,万理明尽之后,则其日用之间,本心莹然,随所意欲,莫非至理。盖心即体,欲即用,体即道,用即义,声为律而身为度矣。"又曰:"圣人言此,一以示学者当优游涵泳,不可躐等而进;二以示学者当日就月将,不可半途而废也。"愚谓圣人生知安行,固无积累之渐,然其心未尝自谓已至此也。是其日用之间,必有独觉其进而人不及知者。故因其近似以自名,欲学者以是为则而自勉,非心实自圣而姑为是退托也。后凡言谦词之属,意皆放此。

孟懿子问孝。子曰:"无违。"[1]樊迟御,子告之曰:"孟孙问孝于我,我对曰无违。"[2]樊迟曰:"何谓也?"子曰:"生,事之以礼;死,葬之以礼,祭之以礼。"[3]

【朱子集注】

[1] 孟懿子,鲁大夫仲孙氏,名何忌。无违,谓不背于理。

[2] 樊迟,孔子弟子,名须。御,为孔子御车也。孟孙,即仲孙也。夫子以懿子未达而不能问,恐其失指,而以从亲之令为孝,故语樊迟以发之。

[3] 生事葬祭,事亲之始终具矣。礼,即理之节文也。人之事亲,自始至终,一于礼而不苟,其尊亲也至矣。是时三家僭礼,故夫子以是警之。然语意浑然,又若不专为三家发者,所以为圣人之言也。○胡氏曰:"人之欲孝其亲,心虽无穷,而分则有限。得为而不为,与不得为而为之,均于不孝。所谓以礼者,为其所得为者而已矣。"

孟武伯问孝。子曰:"父母唯其疾之忧。"[1]

【朱子集注】

　　[1] 武伯,懿子之子,名彘。言父母爱子之心,无所不至,惟恐其有疾病,常以为忧也。人子体此,而以父母之心为心,则凡所以守其身者,自不容于不谨矣,岂不可以为孝乎? 旧说人子能使父母不以其陷于不义为忧,而独以其疾为忧,乃可谓孝。亦通。

子游问孝。子曰:"今之孝者,是谓能养。至于犬马,皆能有养;不敬,何以别乎?"[1]

【朱子集注】

　　[1] 养,去声。别,彼列反。○子游,孔子弟子,姓言,名偃。养,谓饮食供奉也。犬马待人而食,亦若养然。言人畜犬马,皆能有以养之,若能养其亲而敬不至,则与养犬马者何异? 甚言不敬之罪,所以深警之也。○胡氏曰:"世俗事亲,能养足矣。狎恩恃爱,而不知其渐流于不敬,则非小失也。子游圣门高弟,未必至此,圣人直恐其爱逾于敬,故以是深警发之也。"

子夏问孝。子曰:"色难。有事,弟子服其劳;有酒食,先生馔,曾是以为孝乎?"[1]

【朱子集注】

　　[1] 食,音嗣。○色难,谓事亲之际,惟色为难也。食,饭也。先生,父兄也。馔,饮食之也。曾,犹尝也。盖孝子之有深爱者必有和气,有和气者必有愉色,有愉色者必有婉容。故事亲之际,惟色为难耳,服劳奉

养,未足为孝也。旧说承顺父母之色为难,亦通。○程子曰:"告懿子,告众人者也。告武伯者,以其人多可忧之事。子游能养而或失于敬,子夏能直义而或少温润之色。各因其材之高下与其所失而告之,故不同也。"

子曰:"吾与回言终日,不违如愚。退而省其私,亦足以发。回也不愚。"[1]

【朱子集注】

[1] 回,孔子弟子,姓颜,字子渊。不违者,意不相背,有听受而无问难也。私,谓燕居独处,非进见请问之时。发,谓发明所言之理。愚闻之师曰:"颜子深潜纯粹,其于圣人体段已具。其闻夫子之言,默识心融,触处洞然,自有条理。故终日言,但见其不违如愚人而已。及退省其私,则见其日用动静语默之间,皆足以发明夫子之道,坦然由之而无疑,然后知其不愚也。"

子曰:"视其所以,[1]观其所由,[2]察其所安。[3]人焉廋哉?人焉廋哉?"[4]

【朱子集注】

[1] 以,为也。为善者为君子,为恶者为小人。

[2] 观,比视为详矣。由,从也。事虽为善,而意之所从来者有未善焉,则亦不得为君子矣。或曰:"由,行也。谓所以行其所为者也。"

[3] 察,则又加详矣。安,所乐也。所由虽善,而心所乐者不在于是,则亦伪耳,岂能久而不变哉?

[4] 焉,於虔反。廋,所留反。○焉,何也。廋,匿也。重言以深明之。○程子曰:"在己者能知言穷理,则能以此察人如圣人也。"

子曰："温故而知新,可以为师矣。"[1]

【朱子集注】

　　[1] 温,寻绎也。故者,旧所闻。新者,今所得。言学能时习旧闻,而每有新得,则所学在我,而其应不穷,故可以为人师。若夫记问之学,则无得于心,而所知有限,故《学记》讥其"不足以为人师",正与此意互相发也。

子曰："君子不器。"[1]

【朱子集注】

　　[1] 器者,各适其用而不能相通。成德之士,体无不具,故用无不周,非特为一才一艺而已。

子贡问君子。子曰："先行其言而后从之。"[1]

【朱子集注】

　　[1] 周氏曰："先行其言者,行之于未言之前;而后从之者,言之于既行之后。"○范氏曰:"子贡之患,非言之艰而行之艰,故告之以此。"

子曰："君子周而不比,小人比而不周。"[1]

【朱子集注】

　　[1] 周,普遍也。比,偏党也。皆与人亲厚之意,但周公而比私耳。○君子小人所为不同,如阴阳昼夜,每每相反。然究其所以分,则在公私之际,毫厘之差耳。故圣人于周比、和同、骄泰之属,常对举而互言之,欲

学者察乎两间，而审其取舍之几也。

子曰："学而不思则罔，思而不学则殆。"[1]

【朱子集注】

[1] 不求诸心，故昏而无得。不习其事，故危而不安。〇程子曰："博学、审问、谨思、明辨、笃行五者，废其一，非学也。"

子曰："攻乎异端，斯害也已！"

【朱子集注】

[1] 范氏曰："攻，专治也，故治木石金玉之工曰攻。异端，非圣人之道，而别为一端，如杨、墨是也。其率天下至于无父无君，专治而欲精之，为害甚矣！"〇程子曰："佛氏之言，比之杨、墨，尤为近理，所以其害为尤甚。学者当如淫声美色以远之，不尔，则骎骎然入于其中矣。"

子曰："由！诲女知之乎！知之为知之，不知为不知，是知也。"[1]

【朱子集注】

[1] 女，音汝。〇由，孔子弟子，姓仲，字子路。子路好勇，盖有强其所不知以为知者。故夫子告之曰：我教女以知之之道乎！但所知者则以为知，所不知者则以为不知。如此，则虽或不能尽知，而无自欺之蔽，亦不害其为知矣。况由此而求之，又有可知之理乎？

子张学干禄。[1]子曰："多闻阙疑，慎言其余，则寡尤；多见阙殆，慎行其余，则寡悔。言寡尤，行寡悔，禄在其中矣。"[2]

【朱子集注】

[1] 子张，孔子弟子，姓颛孙，名师。干，求也。禄，仕者之奉也。

[2] 行寡之行，去声。○吕氏曰："疑者，所未信。殆者，所未安。"程子曰："尤，罪自外至者也。悔，理自内出者也。"愚谓多闻见者学之博，阙疑殆者择之精，慎言行者守之约。凡言"在其中"者，皆不求而自至之辞。言此以救子张之失而进之也。○程子曰："修天爵则人爵至，君子言行能谨，得禄之道也。子张学干禄，故告之以此，使定其心而不为利禄动，若颜、闵则无此问矣。或疑如此亦有不得禄者，孔子盖曰'耕也馁在其中'，惟理可为者为之而已矣。"

哀公问曰："何为则民服?"孔子对曰："举直错诸枉，则民服;举枉错诸直，则民不服。"[1]

【朱子集注】

[1] 哀公，鲁君，名蒋。凡君问，皆称"孔子对曰"者，尊君也。错，舍置也。诸，众也。程子曰："举错得义，则人心服。"○谢氏曰："好直而恶枉，天下之至情也。顺之则服，逆之则去，必然之理也。然或无道以照之，则以直为枉、以枉为直者多矣。是以君子大居敬而贵穷理也。"

季康子问："使民敬、忠以劝，如之何?"子曰："临之以庄则敬，孝慈则忠，举善而教不能则劝。"[1]

【朱子集注】

[1] 季康子，鲁大夫季孙氏，名肥。庄，谓容貌端严也。临民以庄，则民敬于己。孝于亲，慈于众，则民忠于己。善者举之，而不能者教之，则民有所劝而乐于为善。○张敬夫曰："此皆在我所当为，非为欲使民敬、忠以劝而为之也。然能如是，则其应盖有不期然而然者矣。"

或谓孔子曰："子奚不为政？"[1] 子曰："《书》云：'孝乎！惟孝，友于兄弟，施于有政。'是亦为政，奚其为为政？"[2]

【朱子集注】

[1] 定公初年，孔子不仕，故或人疑其不为政也。

[2]《书》，《周书·君陈》篇。《书》云孝乎者，言《书》之言孝如此也。善兄弟曰友。《书》言君陈能孝于亲，友于兄弟，又能推广此心，以为一家之政。孔子引之，言如此则是亦为政矣，何必居位乃为政乎？盖孔子之不仕，有难以语或人者，故托此以告之，要之至理亦不外是。

子曰："人而无信，不知其可也。大车无輗，小车无軏，其何以行之哉？"[1]

【朱子集注】

[1] 輗，五兮反。軏，音月。○大车，谓平地任载之车。輗，辕端横木，缚轭以驾牛者。小车，谓田车、兵车、乘车。軏，辕端上曲，钩衡以驾马者。车无此二者，则不可以行，人而无信，亦犹是也。

子张问："十世可知也？"[1] 子曰："殷因于夏礼，所损益，可知也；周因于殷礼，所损益，可知也；其或继周者，虽百世可知也。"[2]

【朱子集注】

[1]陆氏曰:"也,一作乎。"○王者易姓受命为一世。子张问自此以后十世之事,可前知乎?

[2]马氏曰:"所因,谓三纲五常。所损益,谓文质三统。"愚按:三纲,谓君为臣纲,父为子纲,夫为妻纲。五常,谓仁、义、礼、智、信。文质,谓夏尚忠,商尚质,周尚文。三统,谓夏正建寅为人统,商正建丑为地统,周正建子为天统。三纲五常,礼之大体,三代相继,皆因之而不能变。其所损益,不过文章制度小过不及之间,而其已然之迹,今皆可见。则自今以往,或有继周而王者,虽百世之远,所因所革,亦不过此,岂但十世而已乎!圣人所以知来者盖如此,非若后世谶纬术数之学也。○胡氏曰:"子张之问,盖欲知来,而圣人言其既往者以明之也。夫自修身以至于为天下,不可一日而无礼。天敘天秩,人所共由,礼之本也。商不能改乎夏,周不能改乎商,所谓天地之常经也。若乃制度文为,或太过则当损,或不足则当益。益之损之,与时宜之,而所因者不坏,是古今之通义也。因往推来,虽百世之远,不过如此而已矣。"

子曰:"非其鬼而祭之,谄也。[1]见义不为,无勇也。"[2]

【朱子集注】

[1]非其鬼,谓非其所当祭之鬼。谄,求媚也。

[2]知而不为,是无勇也。

八佾第三

孔子谓季氏："八佾舞于庭,是可忍也,孰不可忍也?"[1]

【朱子集注】

[1]佾,音逸。〇季氏,鲁大夫季孙氏也。佾,舞列也,天子八、诸侯六、大夫四、士二。每佾人数,如其佾数。或曰:"每佾八人。"未详孰是。季氏以大夫而僭用天子之乐,孔子言其此事尚忍为之,则何事不可忍为。或曰:"忍,容忍也。"盖深疾之之辞。〇范氏曰:"乐舞之数,自上而下,降杀以两而已,故两之间,不可以毫发僭差也。孔子为政,先正礼乐,则季氏之罪不容诛矣。"谢氏曰:"君子于其所不当为不敢须臾处,不忍故也。而季氏忍此矣,则虽弑父与君,亦何所惮而不为乎?"

三家者以《雍》彻。子曰:"'相维辟公,天子穆穆',奚取于三家之堂?"[1]

【朱子集注】

[1]彻,直列反。相,去声。〇三家,鲁大夫孟孙、叔孙、季孙之家也。《雍》,《周颂》篇名。彻,祭毕而收其俎也。天子宗庙之祭,则歌《雍》以彻,是时三家僭而用之。相,助也。辟公,诸侯也。穆穆,深远之意,天子之容也。此《雍》诗之辞,孔子引之,言三家之堂非有此事,亦何取于此义而歌之乎?讥其无知妄作,以取僭窃之罪。〇程子曰:"周公之功固大

矣,皆臣子之分所当为,鲁安得独用天子礼乐哉? 成王之赐,伯禽之受,皆非也。其因袭之弊,遂使季氏僭八佾,三家僭《雍》彻,故仲尼讥之。"

子曰:"人而不仁,如礼何? 人而不仁,如乐何?"[1]

【朱子集注】

[1] 游氏曰:"人而不仁,则人心亡矣,其如礼乐何哉? 言虽欲用之,而礼乐不为之用也。"○程子曰:"仁者,天下之正理。失正理,则无序而不和。"李氏曰:"礼乐待人而后行,苟非其人,则虽玉帛交错,钟鼓铿锵,亦将如之何哉? 然记者序此于八佾、《雍》彻之后,疑其为僭礼乐者发也。"

林放问礼之本。[1]子曰:"大哉问![2]礼,与其奢也,宁俭;丧,与其易也,宁戚。"[3]

【朱子集注】

[1] 林放,鲁人。见世之为礼者专事繁文,而疑其本之不在是也,故以为问。

[2] 孔子以时方逐末,而放独有志于本,故大其问。盖得其本,则礼之全体无不在其中矣。

[3] 易,去声。○易,治也。孟子曰:"易其田畴。"在丧礼,则节文习熟,而无哀痛惨怛之实者也。戚则一于哀,而文不足耳。礼贵得中,奢、易则过于文,俭、戚则不及而质,二者皆未合礼。然凡物之理,必先有质而后有文,则质乃礼之本也。○范氏曰:"夫祭,与其敬不足而礼有余也,不若礼不足而敬有余也。丧,与其哀不足而礼有余也,不若礼不足而哀有余也。礼失之奢,丧失之易,皆不能反本而随其末故也。礼奢而备,不若俭而不备之愈也;丧易而文,不若戚而不文之愈也。俭者物之质,戚者

心之诚,故为礼之本。"杨氏曰:"礼始诸饮食,故污尊而抔饮,为之簠簋笾豆罍爵之饰,所以文之也,则其本俭而已。丧不可以径情而直行,为之衰麻哭踊之数,所以节之也,则其本戚而已。周衰,世方以文灭质,而林放独能问礼之本,故夫子大之,而告之以此。"

子曰:"夷狄之有君,不如诸夏之亡也。"[1]

【朱子集注】

[1] 吴氏曰:"亡,古无字,通用。"程子曰:"夷狄且有君长,不如诸夏之僭乱,反无上下之分也。"○尹氏曰:"孔子伤时之乱而叹之也。亡,非实亡也,虽有之,不能尽其道尔。"

季氏旅于泰山。子谓冉有曰:"女弗能救与?"对曰:"不能。"子曰:"呜呼!曾谓泰山,不如林放乎?"[1]

【朱子集注】

[1] 女,音汝。与,平声。○旅,祭名。泰山,山名,在鲁地。礼,诸侯祭封内山川,季氏祭之,僭也。冉有,孔子弟子,名求,时为季氏宰。救,谓救其陷于僭窃之罪。呜呼,叹辞。言神不享非礼,欲季氏知其无益而自止,又进林放以厉冉有也。○范氏曰:"冉有从季氏,夫子岂不知其不可告也,然而圣人不轻绝人,尽己之心,安知冉有之不能救、季氏之不可谏也?既不能正,则美林放以明泰山之不可诬,是亦教诲之道也。"

子曰:"君子无所争,必也射乎!揖让而升,下而饮,其争也君子。"[1]

【朱子集注】

[1] 饮，去声。○揖逊而升者，《大射》之礼，耦进三揖而后升堂也。下而饮，谓射毕揖降，以俟众耦皆降，胜者乃揖，不胜者升，取觯立饮也。言君子恭逊不与人争，惟于射而后有争。然其争也，雍容揖逊乃如此，则其争也君子，而非若小人之争矣。

子夏问曰："'巧笑倩兮，美目盼兮，素以为绚兮'，何谓也?"[1]子曰："绘事后素。"[2]曰："礼后乎?"子曰："起予者商也！始可与言《诗》已矣。"[3]

【朱子集注】

[1] 倩，七练反。盼，普苋反。绚，呼县反。○此逸诗也。倩，好口辅也。盼，目黑白分也。素，粉地，画之质也。绚，采色，画之饰也。言人有此倩盼之美质，而又加以华采之饰，如有素地而加采色也。子夏疑其反谓以素为饰，故问之。

[2] 绘，胡对反。○绘事，绘画之事也。后素，后于素也。《考工记》曰："绘画之事后素功。"谓先以粉地为质，而后施五采，犹人有美质，然后可加文饰。

[3] 礼必以忠信为质，犹绘事必以粉素为先。起，犹发也。起予，言能起发我之志意。谢氏曰："子贡因论学而知《诗》，子夏因论《诗》而知学，故皆可与言《诗》。"○杨氏曰："'甘受和，白受采，忠信之人，可以学礼。苟无其质，礼不虚行。'此绘事后素之说也。孔子曰绘事后素，而子夏曰礼后乎，可谓能继其志矣。非得之言意之表者能之乎？商、赐可与言《诗》者以此。若夫玩心于章句之末，则其为《诗》也固而已矣。所谓起予，则亦相长之义也。"

子曰："夏礼，吾能言之，杞不足征也；殷礼，吾能言之，宋不足征也。文献不足故也。足，则吾能征之矣。"[1]

【朱子集注】

[1] 杞，夏之后。宋，商之后。征，证也。文，典籍也。献，贤也。言二代之礼，我能言之，而二国不足取以为证，以其文献不足故也。文献若足，则我能取之以证吾言矣。

子曰："禘，自既灌而往者，吾不欲观之矣。"[1]

【朱子集注】

[1] 禘，大计反。○赵伯循曰："禘，王者之大祭也。王者既立始祖之庙，又推始祖所自出之帝，祀之于始祖之庙，而以始祖配之也。成王以周公有大勋劳，赐鲁重祭。故得禘于周公之庙，以文王为所出之帝，而周公配之，然非礼矣。"灌者，方祭之始，用郁鬯之酒灌地，以降神也。鲁之君臣，当此之时，诚意未散，犹有可观，自此以后，则浸以懈怠而无足观矣。盖鲁祭非礼，孔子本不欲观，至此而失礼之中又失礼焉，故发此叹也。○谢氏曰："夫子尝曰：'我欲观夏道，是故之杞，而不足征也；我欲观殷道，是故之宋，而不足征也。'又曰：'我观周道，幽、厉伤之，吾舍鲁何适矣？鲁之郊禘非礼也，周公其衰矣！'考之杞、宋已如彼，考之当今又如此，孔子所以深叹也。"

或问禘之说。子曰："不知也。知其说者之于天下也，其如示诸斯乎！"指其掌。[1]

【朱子集注】

[1] 先王报本追远之意，莫深于禘。非仁孝诚敬之至，不足以与此，非或人之所及也。而不王不禘之法，又鲁之所当讳者，故以不知答之。

示,与视同。指其掌,弟子记夫子言此而自指其掌,言其明且易也。盖知
禘之说,则理无不明,诚无不格,而治天下不难矣。圣人于此,岂真有所
不知也哉?

祭如在,祭神如神在。[1]子曰:"吾不与祭,如不祭。"[2]

【朱子集注】

[1] 程子曰:"祭,祭先祖也。祭神,祭外神也。祭先主于孝,祭神主
于敬。"愚谓此门人记孔子祭祀之诚意。

[2] 与,去声。○又记孔子之言以明之。言己当祭之时,或有故不
得与,而使他人摄之,则不得致其如在之诚。故虽已祭,而此心缺然,如
未尝祭也。○范氏曰:"君子之祭,七日戒,三日齐,必见所祭者,诚之至
也。是故郊则天神格,庙则人鬼享,皆由己以致之也。有其诚则有其神,
无其诚则无其神,可不谨乎? 吾不与祭,如不祭,诚为实,礼为虚也。"

王孙贾问曰:"与其媚于奥,宁媚于灶,何谓也?"[1]子
曰:"不然,获罪于天,无所祷也。"[2]

【朱子集注】

[1] 王孙贾,卫大夫。媚,亲顺也。室西南隅为奥。灶者,五祀之
一,夏所祭也。凡祭五祀,皆先设主而祭于其所,然后迎尸而祭于奥,略
如祭宗庙之仪。如祀灶,则设主于灶陉,祭毕,而更设馔于奥以迎尸也。
故时俗之语,因以奥有常尊,而非祭之主;灶虽卑贱,而当时用事。喻自
结于君,不如阿附权臣也。贾,卫之权臣,故以此讽孔子。

[2] 天,即理也,其尊无对,非奥、灶之可比也。逆理,则获罪于天
矣,岂媚于奥、灶所能祷而免乎? 言但当顺理,非特不当媚灶,亦不可媚
于奥也。○谢氏曰:"圣人之言,逊而不迫。使王孙贾而知此意,不为无

益；使其不知，亦非所以取祸。"

子曰："周监于二代，郁郁乎文哉！吾从周。"[1]

【朱子集注】

[1] 郁，於六反。〇监，视也。二代，夏、商也。言其视二代之礼而损益之。郁郁，文盛貌。〇尹氏曰："三代之礼，至周大备，夫子美其文而从之。"

子入大庙，每事问。或曰："孰谓鄹人之子知礼乎？入大庙，每事问。"子闻之，曰："是礼也。"[1]

【朱子集注】

[1] 大，音泰。鄹，侧留反。〇大庙，鲁周公庙。此盖孔子始仕之时，入而助祭也。鄹，鲁邑名。孔子父叔梁纥尝为其邑大夫。孔子自少以知礼闻，故或人因此而讥之。孔子言是礼者，敬谨之至，乃所以为礼也。〇尹氏曰："礼者，敬而已矣。虽知亦问，谨之至也，其为敬莫大于此。谓之不知礼者，岂足以知孔子哉？"

子曰："'射不主皮'，为力不同科，古之道也。"[1]

【朱子集注】

[1] 为，去声。〇射不主皮，《乡射礼》文。为力不同科，孔子解礼之意如此也。皮，革也。布侯而栖革于其中以为的，所谓鹄也。科，等也。古者射以观德，但主于中，而不主于贯革，盖以人之力有强弱，不同等也。《记》曰："武王克商，散军郊射，而贯革之射息。"正谓此也。周衰礼废，列

国兵争,复尚贯革,故孔子叹之。○杨氏曰:"中可以学而能,力不可以强而至。圣人言古之道,所以正今之失。"

子贡欲去告朔之饩羊。[1] 子曰:"赐也,尔爱其羊,我爱其礼。"[2]

【朱子集注】

[1] 去,起吕反。告,古笃反。饩,许气反。○告朔之礼:古者天子常以季冬颁来岁十二月之朔于诸侯,诸侯受而藏之祖庙。月朔,则以特羊告庙,请而行之。饩,生牲也。鲁自文公始不视朔,而有司犹供此羊,故子贡欲去之。

[2] 爱,犹惜也。子贡盖惜其无实而妄费。然礼虽废,羊存,犹得以识之而可复焉。若并去其羊,则此礼遂亡矣。孔子所以惜之。○杨氏曰:"告朔,诸侯所以禀命于君亲,礼之大者。鲁不视朔矣,然羊存则告朔之名未泯,而其实因可举。此夫子所以惜之也。"

子曰:"事君尽礼,人以为谄也。"[1]

【朱子集注】

[1] 黄氏曰:"孔子于事君之礼,非有所加也,如是而后尽尔。时人不能,反以为谄,故孔子言之,以明礼之当然也。"○程子曰:"圣人事君尽礼,当时以为谄。若他人言之,必曰我事君尽礼,小人以为谄,而孔子之言止于如此。圣人道大德宏,此亦可见。"

定公问:"君使臣,臣事君,如之何?"孔子对曰:"君使臣以礼,臣事君以忠。"[1]

【朱子集注】

[1] 定公,鲁君,名宋。二者皆理之当然,各欲自尽而已。○吕氏曰:"使臣不患其不忠,患礼之不至;事君不患其无礼,患忠之不足。"尹氏曰:"君臣,以义合者也。故君使臣以礼,则臣事君以忠。"

子曰:"《关雎》,乐而不淫,哀而不伤。"[1]

【朱子集注】

[1] 乐,音洛。○《关雎》,《周南·国风》,《诗》之首篇也。淫者,乐之过而失其正者也。伤者,哀之过而害于和者也。《关雎》之诗,言后妃之德,宜配君子。求之未得,则不能无寤寐反侧之忧;求而得之,则宜其有琴瑟钟鼓之乐。盖其忧虽深而不害于和,其乐虽盛而不失其正,故夫子称之如此。欲学者玩其辞,审其音,而有以识其性情之正也。

哀公问社于宰我。宰我对曰:"夏后氏以松,殷人以柏,周人以栗,曰使民战栗。"[1]子闻之,曰:"成事不说,遂事不谏,既往不咎。"[2]

【朱子集注】

[1] 宰我,孔子弟子,名予。三代之社不同者,古者立社,各树其土之所宜木以为主也。战栗,恐惧貌。宰我又言周所以用栗之意如此。岂以古者戮人于社,故附会其说与?

[2] 遂事,谓事虽未成而势不能已者。孔子以宰我所对,非立社之本意,又启时君杀伐之心,而其言已出,不可复救,故历言此以深责之,欲使谨其后也。○尹氏曰:"古者各以所宜木名其社,非取义于木也。宰我不知而妄对,故夫子责之。"

子曰："管仲之器小哉！"[1] 或曰："管仲俭乎？"曰："管氏有三归，官事不摄，焉得俭？"[2] "然则管仲知礼乎？"曰："邦君树塞门，管氏亦树塞门；邦君为两君之好，有反坫，管氏亦有反坫。管氏而知礼，孰不知礼？"[3]

【朱子集注】

[1] 管仲，齐大夫，名夷吾，相桓公霸诸侯。器小，言其不知圣贤大学之道，故局量褊浅、规模卑狭，不能正身修德以致主于王道。

[2] 焉，於虔反。○或人盖疑器小之为俭。三归，台名，事见《说苑》。摄，兼也。家臣不能具官，一人常兼数事。管仲不然，皆言其侈。

[3] 好，去声。坫，丁念反。○或人又疑不俭为知礼。屏谓之树。塞，犹蔽也。设屏于门，以蔽内外也。好，谓好会。坫，在两楹之间，献酬饮毕，则反爵其上。此皆诸侯之礼，而管仲僭之，不知礼也。○愚谓孔子讥管仲之器小，其旨深矣。或人不知而疑其俭，故斥其奢以明其非俭。或又疑其知礼，故又斥其僭以明其不知礼。盖虽不复明言小器之所以然，而其所以小者，于此亦可见矣。故程子曰："奢而犯礼，其器之小可知。盖器大，则自知礼而无此失矣。"此言当深味也。苏氏曰："自修身正家以及于国，则其本深，其及者远，是谓大器。扬雄所谓'大器犹规矩准绳，先自治而后治人'者是也。管仲三归、反坫，桓公内嬖六人，而霸天下，其本固已浅矣。管仲死，桓公薨，天下不复宗齐。"杨氏曰："夫子大管仲之功而小其器。盖非王佐之才，虽能合诸侯、正天下，其器不足称也。道学不明，而王霸之略混为一途。故闻管仲之器小，则疑其为俭，以不俭告之，则又疑其知礼。盖世方以诡遇为功，而不知为之范，则不悟其小，宜矣。"

子语鲁大师乐，曰："乐其可知也：始作，翕如也；从之，纯如也，皦如也，绎如也，以成。"[1]

【朱子集注】

[1] 语,去声。大,音泰。从,音纵。○语,告也。大师,乐官名。时音乐废缺,故孔子教之。翕,合也。从,放也。纯,和也。皦,明也。绎,相续不绝也。成,乐之一终也。○谢氏曰:"五音六律不具,不足以为乐。翕如,言其合也。五音合矣,清浊高下,如五味之相济而后和,故曰纯如。合而和矣,欲其无相夺伦,故曰皦如。然岂宫自宫而商自商乎? 不相反而相连,如贯珠可也,故曰绎如也,以成。"

仪封人请见,曰:"君子之至于斯也,吾未尝不得见也。"从者见之。出曰:"二三子,何患于丧乎? 天下之无道也久矣,天将以夫子为木铎。"[1]

【朱子集注】

[1] 请见、见之之见,贤遍反。从、丧,皆去声。○仪,卫邑。封人,掌封疆之官,盖贤而隐于下位者也。君子,谓当时贤者。至此皆得见之,自言其平日不见绝于贤者,而求以自通也。见之,谓通使得见。丧,谓失位去国,《礼》曰"丧欲速贫"是也。木铎,金口木舌,施政教时所振,以警众者也。言乱极当治,天必将使夫子得位设教,不久失位也。封人一见夫子而遽以是称之,其所得于观感之间者深矣。或曰:"木铎所以徇于道路,言天使夫子失位,周流四方以行其教,如木铎之徇于道路也。"

子谓《韶》:"尽美矣,又尽善也。"谓《武》:"尽美矣,未尽善也。"[1]

【朱子集注】

[1]《韶》,舜乐。《武》,武王乐。美者,声容之盛。善者,美之实也。舜绍尧致治,武王伐纣救民,其功一也,故其乐皆尽美。然舜之德,性之

也,又以揖逊而有天下;武王之德,反之也,又以征诛而得天下,故其实有不同者。○程子曰:"成汤放桀,惟有惭德,武王亦然,故未尽善。尧、舜、汤、武,其揆一也。征伐非其所欲,所遇之时然尔。"

子曰:"居上不宽,为礼不敬,临丧不哀,吾何以观之哉?"[1]

【朱子集注】

[1] 居上主于爱人,故以宽为本。为礼以敬为本,临丧以哀为本。既无其本,则以何者而观其所行之得失哉?

里仁第四

子曰："里仁为美。择不处仁，焉得知？"[1]

【朱子集注】

[1]处，上声。焉，於虔反。知，去声。○里有仁厚之俗为美。择里而不居于是焉，则失其是非之本心，而不得为知矣。

子曰："不仁者不可以久处约，不可以长处乐。仁者安仁，知者利仁。"[1]

【朱子集注】

[1]乐，音洛。知，去声。○约，穷困也。利，犹贪也，盖深知笃好而必欲得之也。不仁之人，失其本心，久约必滥，久乐必淫。惟仁者则安其仁而无适不然，知者则利于仁而不易所守，盖虽深浅之不同，然皆非外物所能夺矣。○谢氏曰："仁者心无内外远近精粗之间，非有所存而自不亡，非有所理而自不乱，如目视而耳听，手持而足行也。知者谓之有所见则可，谓之有所得则未可。有所存斯不亡，有所理斯不乱，未能无意也。安仁则一，利仁则二。安仁者，非颜、闵以上，去圣人为不远，不知此味也。诸子虽有卓越之才，谓之见道不惑则可，然未免于利之也。"

子曰："唯仁者能好人，能恶人。"[1]

【朱子集注】

[1] 好、恶,皆去声。○唯之为言独也。盖无私心,然后好恶当于理,程子所谓得其公正是也。○游氏曰:"好善而恶恶,天下之同情,然人每失其正者,心有所系而不能自克也。惟仁者无私心,所以能好恶也。"

子曰:"苟志于仁矣,无恶也。"[1]

【朱子集注】

[1] 恶,如字。○苟,诚也。志者,心之所之也。其心诚在于仁,则必无为恶之事矣。○杨氏曰:"苟志于仁,未必无过举也,然而为恶则无矣。"

子曰:"富与贵,是人之所欲也,不以其道得之,不处也。贫与贱,是人之所恶也,不以其道得之,不去也。[1]君子去仁,恶乎成名?[2]君子无终食之间违仁,造次必于是,颠沛必于是。"[3]

【朱子集注】

[1] 恶,去声。○不以其道得之,谓不当得而得之。然于富贵则不处,于贫贱则不去,君子之审富贵而安贫贱也如此。

[2] 恶,平声。○言君子所以为君子,以其仁也。若贪富贵而厌贫贱,则是自离其仁,而无君子之实矣,何所成其名乎?

[3] 造,七到反。沛,音贝。○终食者,一饭之顷。造次,急遽苟且之时。颠沛,倾覆流离之际。盖君子之不去乎仁如此,不但富贵、贫贱取舍之间而已也。○言君子为仁,自富贵、贫贱取舍之间,以至于终食、造次、颠沛之顷,无时无处而不用其力也。然取舍之分明,然后存养之功密;存养之功密,则其取舍之分益明矣。

子曰:"我未见好仁者、恶不仁者。好仁者,无以尚之;恶不仁者,其为仁矣,不使不仁者加乎其身。[1]有能一日用其力于仁矣乎? 我未见力不足者。[2]盖有之矣,我未之见也。"[3]

【朱子集注】

[1] 好、恶,皆去声。○夫子自言未见好仁者、恶不仁者。盖好仁者真知仁之可好,故天下之物无以加之。恶不仁者真知不仁之可恶,故其所以为仁者,必能绝去不仁之事,而不使少有及于其身。此皆成德之事,故难得而见之也。

[2] 言好仁、恶不仁者,虽不可见,然或有人果能一旦奋然用力于仁,则我又未见其力有不足者。盖为仁在己,欲之则是,而志之所至,气必至焉。故仁虽难能,而至之亦易也。

[3] 盖,疑辞。有之,谓有用力而力不足者。盖人之气质不同,故疑亦容或有此昏弱之甚、欲进而不能者,但我偶未之见耳。盖不敢终以为易,而又叹人之莫肯用力于仁也。○此章言仁之成德,虽难其人,然学者苟能实用其力,则亦无不可至之理。但用力而不至者,今亦未见其人焉,此夫子所以反复而叹惜之也。

子曰:"人之过也,各于其党。观过,斯知仁矣。"[1]

【朱子集注】

[1] 党,类也。程子曰:"人之过也,各于其类。君子常失于厚,小人常失于薄;君子过于爱,小人过于忍。"尹氏曰:"于此观之,则人之仁不仁可知矣。"○吴氏曰:"后汉吴祐谓'掾以亲故,受污辱之名',所谓观过知仁是也。"愚按:此亦但言人虽有过,犹可即此而知其厚薄,非谓必俟其有过,而后贤否可知也。

子曰:"朝闻道,夕死可矣。"[1]

【朱子集注】

[1] 道者,事物当然之理。苟得闻之,则生顺死安,无复遗恨矣。朝夕,所以甚言其时之近。○程子曰:"言人不可以不知道,苟得闻道,虽死可也。"又曰:"皆实理也,人知而信者为难。死生亦大矣! 非诚有所得,岂以夕死为可乎?"

子曰:"士志于道,而耻恶衣恶食者,未足与议也。"[1]

【朱子集注】

[1] 心欲求道,而以口体之奉不若人为耻,其识趣之卑陋甚矣,何足与议于道哉? ○程子曰:"志于道而心役乎外,何足与议也?"

子曰:"君子之于天下也,无适也,无莫也,义之与比。"[1]

【朱子集注】

[1] 适,丁历反。比,必二反。○适,专主也。《春秋传》曰"吾谁适从"是也。莫,不肯也。比,从也。○谢氏曰:"适,可也。莫,不可也。无可无不可,苟无道以主之,不几于猖狂自恣乎? 此佛、老之学所以自谓心无所住而能应变,而卒得罪于圣人也。圣人之学不然,于无可无不可之间,有义存焉。然则君子之心,果有所倚乎?"

子曰:"君子怀德,小人怀土;君子怀刑,小人怀惠。"[1]

【朱子集注】

　　[1] 怀,思念也。怀德,谓存其固有之善。怀土,谓溺其所处之安。怀刑,谓畏法。怀惠,谓贪利。君子、小人趣向不同,公私之间而已。○尹氏曰:"乐善恶不善,所以为君子。苟安务得,所以为小人。"

　　子曰:"放于利而行,多怨。"[1]

【朱子集注】

　　[1] 放,上声。○孔氏曰:"放,依也。多怨,谓多取怨。"○程子曰:"欲利于己,必害于人,故多怨。"

　　子曰:"能以礼让为国乎? 何有? 不能以礼让为国,如礼何?"[1]

【朱子集注】

　　[1] 逊者,礼之实也。何有,言不难也。言有礼之实以为国,则何难之有? 不然,则其礼文虽具,亦且无如之何矣,而况于为国乎?

　　子曰:"不患无位,患所以立;不患莫己知,求为可知也。"[1]

【朱子集注】

　　[1] 所以立,谓所以立乎其位者。可知,谓可以见知之实。○程子曰:"君子求其在己者而已矣。"

　　子曰:"参乎! 吾道一以贯之。"曾子曰:"唯。"[1]子出。

门人问曰:"何谓也?"曾子曰:"夫子之道,忠恕而已矣。"[2]

【朱子集注】

[1] 参,所金反。唯,上声。○参乎者,呼曾子之名而告之。贯,通也。唯者,应之速而无疑者也。圣人之心,浑然一理,而泛应曲当,用各不同。曾子于其用处,盖已随事精察而力行之,但未知其体之一尔。夫子知其真积力久,将有所得,是以呼而告之。曾子果能默契其指,即应之速而无疑也。

[2] 尽己之谓忠,推己之谓恕。而已矣者,竭尽而无余之辞也。夫子之一理浑然而泛应曲当,譬则天地之至诚无息,而万物各得其所也。自此之外,固无余法,而亦无待于推矣。曾子有见于此而难言之,故借学者尽己、推己之目以著明之,欲人之易晓也。盖至诚无息者,道之体也,万殊之所以一本也;万物各得其所者,道之用也,一本之所以万殊也。以此观之,一以贯之之实可见矣。或曰:"中心为忠,如心为恕。"于义亦通。○程子曰:"以己及物,仁也;推己及物,恕也,违道不远是也。忠恕一以贯之:忠者天道,恕者人道;忠者无妄,恕者所以行乎忠也;忠者体,恕者用,大本达道也。此与违道不远异者,动以天尔。"又曰:"'维天之命,於穆不已',忠也;'乾道变化,各正性命',恕也。"又曰:"圣人教人各因其才,'吾道一以贯之',惟曾子为能达此,孔子所以告之也。曾子告门人曰:'夫子之道,忠恕而已矣。'亦犹夫子之告曾子也。《中庸》所谓'忠恕违道不远',斯乃下学上达之义。"

子曰:"君子喻于义,小人喻于利。"[1]

【朱子集注】

[1] 喻,犹晓也。义者,天理之所宜。利者,人情之所欲。○程子曰:"君子之于义,犹小人之于利也。唯其深喻,是以笃好。"杨氏曰:"君

子有舍生而取义者。以利言之,则人之所欲无甚于生,所恶无甚于死,孰肯舍生而取义哉?其所喻者义而已,不知利之为利故也。小人反是。"

子曰:"见贤思齐焉,见不贤而内自省也。"[1]

【朱子集注】

[1] 省,悉井反。○思齐者,冀己亦有是善。内自省者,恐己亦有是恶。○胡氏曰:"见人之善恶不同,而无不反诸身者,则不徒羡人而甘自弃,不徒责人而忘自责矣。"

子曰:"事父母几谏,见志不从,又敬不违,劳而不怨。"[1]

【朱子集注】

[1] 此章与《内则》之言相表里。几,微也。微谏,所谓"父母有过,下气怡色,柔声以谏"也。见志不从,又敬不违,所谓"谏若不入,起敬起孝,悦则复谏"也。劳而不怨,所谓"与其得罪于乡党州闾,宁熟谏。父母怒不悦,而挞之流血,不敢疾怨,起敬起孝"也。

子曰:"父母在,不远游,游必有方。"[1]

【朱子集注】

[1] 远游,则去亲远而为日久,定省旷而音问疏,不惟己之思亲不置,亦恐亲之念我不忘也。游必有方,如已告云之东,即不敢更适西,欲亲必知己之所在而无忧,召己则必至而无失也。范氏曰:"子能以父母之心为心,则孝矣。"

子曰："三年无改于父之道，可谓孝矣。"[1]

【朱子集注】

[1]胡氏曰："已见首篇，此盖复出而逸其半也。"

子曰："父母之年，不可不知也。一则以喜，一则以惧。"[1]

【朱子集注】

[1]知，犹记忆也。常知父母之年，则既喜其寿，又惧其衰，而于爱日之诚，自有不能已者。

子曰："古者言之不出，耻躬之不逮也。"[1]

【朱子集注】

[1]言古者，以见今之不然。逮，及也。行不及言，可耻之甚。古者所以不出其言，为此故也。○范氏曰："君子之于言也，不得已而后出之，非言之难，而行之难也。人惟其不行也，是以轻言之。言之如其所行，行之如其所言，则出诸其口必不易矣。"

子曰："以约失之者鲜矣。"[1]

【朱子集注】

[1]鲜，上声。○谢氏曰："不侈然以自放之谓约。"尹氏曰："凡事约则鲜失，非止谓俭约也。"

子曰:"君子欲讷于言而敏于行。"[1]

【朱子集注】

[1] 行,去声。〇谢氏曰:"放言易,故欲讷;力行难,故欲敏。"〇胡氏曰:"自吾道一贯至此十章,疑皆曾子门人所记也。"

子曰:"德不孤,必有邻。"[1]

【朱子集注】

[1] 邻,犹亲也。德不孤立,必以类应。故有德者,必有其类从之,如居之有邻也。

子游曰:"事君数,斯辱矣;朋友数,斯疏矣。"[1]

【朱子集注】

[1] 数,色角反。〇程子曰:"数,烦数也。"胡氏曰:"事君,谏不行,则当去;导友,善不纳,则当止。至于烦渎,则言者轻,听者厌矣,是以求荣而反辱,求亲而反疏也。"范氏曰:"君臣朋友,皆以义合,故其事同也。"

卷第三

公冶长第五

子谓公冶长，"可妻也。虽在缧绁之中，非其罪也。"以其子妻之。[1]子谓南容，"邦有道，不废；邦无道，免于刑戮。"以其兄之子妻之。[2]

【朱子集注】

[1] 妻，去声，下同。缧，力追反。绁，息列反。○公冶长，孔子弟子。妻，为之妻也。缧，黑索也。绁，挛也。古者狱中以黑索拘挛罪人。长之为人无所考，而夫子称其可妻，其必有以取之矣。又言其人虽尝陷于缧绁之中，而非其罪，则固无害于可妻也。夫有罪无罪，在我而已，岂以自外至者为荣辱哉？

[2] 南容，孔子弟子，居南宫，名縚，又名适，字子容，谥敬叔，孟懿子之兄也。不废，言必见用也。以其谨于言行，故能见用于治朝，免祸于乱世也。事又见第十一篇。○或曰："公冶长之贤不及南容，故圣人以其子妻长，而以兄子妻容，盖厚于兄而薄于己也。"程子曰："此以己之私心窥圣人也。凡人避嫌者，皆内不足也。圣人自至公，何避嫌之有？况嫁女必量其才而求配，尤不当有所避也。若孔子之事，则其年之长幼、时之先后皆不可知，惟以为避嫌则大不可。避嫌之事，贤者且不为，况圣人乎？"

子谓子贱，"君子哉若人！鲁无君子者，斯焉取斯？"[1]

【朱子集注】

[1]焉,於虔反。〇子贱,孔子弟子,姓宓,名不齐。上斯斯此人,下斯斯此德。子贱盖能尊贤取友以成其德者,故夫子既叹其贤,而又言若鲁无君子,则此人何所取以成此德乎?因以见鲁之多贤也。〇苏氏曰:"称人之善,必本其父兄师友,厚之至也。"

子贡问曰:"赐也何如?"子曰:"女,器也。"曰:"何器也?"曰:"瑚琏也。"[1]

【朱子集注】

[1]女,音汝。瑚,音胡。琏,力展反。〇器者,有用之成材。夏曰瑚,商曰琏,周曰簠簋,皆宗庙盛黍稷之器而饰以玉,器之贵重而华美者也。子贡见孔子以君子许子贱,故以己为问,而孔子告之以此。然则子贡虽未至于不器,其亦器之贵者欤?

或曰:"雍也仁而不佞。"[1]子曰:"焉用佞?御人以口给,屡憎于人。不知其仁,焉用佞?"[2]

【朱子集注】

[1]雍,孔子弟子,姓冉,字仲弓。佞,口才也。仲弓为人重厚简默,而时人以佞为贤,故美其优于德,而病其短于才也。

[2]焉,於虔反。〇御,当也,犹应答也。给,辨也。憎,恶也。言何用佞乎?佞人所以应答人者,但以口取辨而无情实,徒多为人所憎恶尔。我虽未知仲弓之仁,然其不佞乃所以为贤,不足以为病也。再言焉用佞,所以深晓之。〇或疑仲弓之贤而夫子不许其仁,何也?曰:"仁道至大,非全体而不息者,不足以当之。如颜子亚圣,犹不能无违于三月之后,况仲弓虽贤,未及颜子,圣人固不得而轻许之也。"

子使漆雕开仕。对曰："吾斯之未能信。"子说。[1]

【朱子集注】

[1] 说，音悦。○漆雕开，孔子弟子，字子若。斯，指此理而言。信，谓真知其如此，而无毫发之疑也。开自言未能如此，未可以治人，故夫子悦其笃志。○程子曰："漆雕开已见大意，故夫子说之。"又曰："古人见道分明，故其言如此。"谢氏曰："开之学无可考。然圣人使之仕，必其材可以仕矣。至于心术之微，则一毫不自得，不害其为未信。此圣人所不能知，而开自知之。其材可以仕，而其器不安于小成，他日所就，其可量乎？夫子所以说之也。"

子曰："道不行，乘桴浮于海。从我者，其由与？"子路闻之喜。子曰："由也好勇过我，无所取材。"[1]

【朱子集注】

[1] 桴，音孚。从、好，并去声。与，平声。材，与裁同，古字借用。○桴，筏也。程子曰："浮海之叹，伤天下之无贤君也。子路勇于义，故谓其能从己，皆假设之言耳。子路以为实然，而喜夫子之与己，故夫子美其勇，而讥其不能裁度事理，以适于义也。"

孟武伯问："子路仁乎？"子曰："不知也。"[1]又问。子曰："由也，千乘之国，可使治其赋也，不知其仁也。"[2]"求也何如？"子曰："求也，千室之邑，百乘之家，可使为之宰也，不知其仁也。"[3]"赤也何如？"子曰："赤也，束带立于朝，可使与宾客言也，不知其仁也。"[4]

【朱子集注】

[1]子路之于仁,盖日月至焉者,或在或亡,不能必其有无,故以不知告之。

[2]乘,去声。○赋,兵也。古者以田赋出兵,故谓兵为赋,《春秋传》所谓"悉索敝赋"是也。言子路之才,可见者如此,仁则不能知也。

[3]千室,大邑。百乘,卿大夫之家。宰,邑长、家臣之通号。

[4]朝,音潮。○赤,孔子弟子,姓公西,字子华。

子谓子贡曰:"女与回也孰愈?"[1]对曰:"赐也何敢望回。回也闻一以知十,赐也闻一以知二。"[2]子曰:"弗如也!吾与女弗如也。"[3]

【朱子集注】

[1]女,音汝,下同。○愈,胜也。

[2]一,数之始。十,数之终。二者,一之对也。颜子明睿所照,即始而见终;子贡推测而知,因此而识彼。"无所不悦,告往知来",是其验矣。

[3]与,许也。○胡氏曰:"子贡方人,夫子既语以不暇,又问其与回孰愈,以观其自知之如何。闻一知十,上知之资,生知之亚也。闻一知二,中人以上之资,学而知之之才也。子贡平日以己方回,见其不可企及,故喻之如此。夫子以其自知之明,而又不难于自屈,故既然之,又重许之。此其所以终闻性与天道,不特闻一知二而已也。"

宰予昼寝。子曰:"朽木不可雕也,粪土之墙不可杇也,于予与何诛?"[1]子曰:"始吾于人也,听其言而信其行;今吾于人也,听其言而观其行。于予与改是。"[2]

【朱子集注】

[1]朽,许久反。杇,音污。与,平声,下同。○昼寝,谓当昼而寐。朽,腐也。雕,刻画也。杇,镘也。言其志气昏惰,教无所施也。与,语辞。诛,责也。言不足责,乃所以深责之。

[2]行,去声。○宰予能言而行不逮,故孔子自言于予之事而改此失,亦以重警之也。胡氏曰:"'子曰'疑衍文,不然,则非一日之言也。"○范氏曰:"君子之于学,惟日孜孜,毙而后已,惟恐其不及也。宰予昼寝,自弃孰甚焉?故夫子责之。"胡氏曰:"宰予不能以志帅气,居然而倦。是宴安之气胜,儆戒之志惰也。古之圣贤未尝不以懈惰荒宁为惧,勤励不息自强,此孔子所以深责宰予也。听言观行,圣人不待是而后能,亦非缘此而尽疑学者。特因此立教,以警群弟子,使谨于言而敏于行耳。"

子曰:"吾未见刚者。"或对曰:"申枨。"子曰:"枨也欲,焉得刚?"[1]

【朱子集注】

[1]焉,於虔反。○刚,坚强不屈之意,最人所难能者,故夫子叹其未见。申枨,弟子姓名。欲,多嗜欲也。多嗜欲,则不得为刚矣。○程子曰:"人有欲则无刚,刚则不屈于欲。"谢氏曰:"刚与欲正相反。能胜物之谓刚,故常伸于万物之上;为物掩之谓欲,故常屈于万物之下。自古有志者少,无志者多,宜夫子之未见也。枨之欲不可知,其为人得非悻悻自好者乎?故或者疑以为刚,然不知此其所以为欲尔。"

子贡曰:"我不欲人之加诸我也,吾亦欲无加诸人。"子曰:"赐也,非尔所及也。"[1]

【朱子集注】

[1]子贡言我所不欲人加于我之事,我亦不欲以此加之于人。此仁者之事,不待勉强,故夫子以为非子贡所及。○程子曰:"我不欲人之加诸我,吾亦欲无加诸人,仁也。施诸己而不愿,亦勿施于人,恕也。恕则子贡或能勉之,仁则非所及矣。"愚谓无者自然而然,勿者禁止之谓,此所以为仁恕之别。

子贡曰:"夫子之文章,可得而闻也;夫子之言性与天道,不可得而闻也。"[1]

【朱子集注】

[1]文章,德之见乎外者,威仪、文辞皆是也。性者,人所受之天理;天道者,天理自然之本体,其实一理也。言夫子之文章,日见乎外,固学者所共闻;至于性与天道,则夫子罕言之,而学者有不得闻者。盖圣门教不躐等,子贡至是始得闻之,而叹其美也。○程子曰:"此子贡闻夫子之至论而叹美之言也。"

子路有闻,未之能行,唯恐有闻。[1]

【朱子集注】

[1]前所闻者,既未及行,故恐复有所闻而行之不给也。○范氏曰:"子路闻善,勇于必行,门人自以为弗及也,故著之。若子路,可谓能用其勇矣。"

子贡问曰:"孔文子何以谓之'文'也?"子曰:"敏而好学,不耻下问,是以谓之'文'也。"[1]

【朱子集注】

　　[1] 好,去声。○孔文子,卫大夫,名圉。凡人性敏者多不好学,位高者多耻下问。故《谥法》有以"勤学好问"为"文"者,盖亦人所难也。孔圉得谥为"文",以此而已。○苏氏曰:"孔文子使太叔疾出其妻而妻之。疾通于初妻之娣,文子怒,将攻之。访于仲尼,仲尼不对,命驾而行。疾奔宋,文子使疾弟遗室孔姞。其为人如此而谥曰'文',此子贡之所以疑而问也。孔子不没其善,言能如此,亦足以为'文'矣,非经天纬地之'文'也。"

　　子谓子产"有君子之道四焉:其行己也恭,其事上也敬,其养民也惠,其使民也义。"[1]

【朱子集注】

　　[1] 子产,郑大夫公孙侨。恭,谦逊也。敬,谨恪也。惠,爱利也。使民义,如都鄙有章、上下有服、田有封洫、庐井有伍之类。○吴氏曰:"数其事而责之者,其所善者多也,臧文仲不仁者三、不知者三是也。数其事而称之者,犹有所未至也,子产有君子之道四焉是也。今或以一言盖一人,一事盖一时,皆非也。"

　　子曰:"晏平仲善与人交,久而敬之。"[1]

【朱子集注】

　　[1] 晏平仲,齐大夫,名婴。○程子曰:"人交久则敬衰,久而能敬,所以为善。"

　　子曰:"臧文仲居蔡,山节藻棁,何如其知也?"[1]

【朱子集注】

[1]棁，章悦反。知，去声。○臧文仲，鲁大夫臧孙氏，名辰。居，犹藏也。蔡，大龟也。节，柱头斗栱也。藻，水草名。棁，梁上短柱也。盖为藏龟之室，而刻山于节、画藻于棁也。当时以文仲为知，孔子言其不务民义，而谄渎鬼神如此，安得为知？《春秋传》所谓"作虚器"，即此事也。○张子曰："山节藻棁为藏龟之室，祀爰居之义，同归于不知，宜矣。"

子张问曰："令尹子文三仕为令尹，无喜色；三已之，无愠色。旧令尹之政，必以告新令尹。何如？"子曰："忠矣。"曰："仁矣乎？"曰："未知，焉得仁？"[1]"崔子弑齐君，陈文子有马十乘，弃而违之。至于他邦，则曰：'犹吾大夫崔子也。'违之。之一邦，则又曰：'犹吾大夫崔子也。'违之。何如？"子曰："清矣。"曰："仁矣乎？"曰："未知，焉得仁？"[2]

【朱子集注】

[1]知，如字。焉，于虔反。○令尹，官名，楚上卿执政者也。子文，姓鬬，名穀於菟。其为人也，喜怒不形，物我无间，知有其国而不知有其身，其忠盛矣，故子张疑其仁。然其所以三仕三已而告新令尹者，未知其皆出于天理而无人欲之私也，是以夫子但许其忠，而未许其仁也。

[2]乘，去声。○崔子，齐大夫，名杼。齐君，庄公，名光。陈文子，亦齐大夫，名须无。十乘，四十匹也。违，去也。文子洁身去乱，可谓清矣。然未知其心果见义理之当然，而能脱然无所累乎？抑不得已于利害之私，而犹未免于怨悔也。故孔子特许其清，而不许其仁。○愚闻之师曰："当理而无私心，则仁矣。"今以是而观二子之事，虽其制行之高若不可及，然皆未有以见其必当于理而真无私心也。子张未识仁体，而悦于苟难，遂以小者信其大者，夫子之不许也宜哉。读者于此，更以上章不知其仁、后篇仁则吾不知之语并与三仁、夷、齐之事观之，则彼此交尽，而仁

之为义可识矣。今以它书考之,子文之相楚,所谋者无非僭王猾夏之事。文子之仕齐,既失正君讨贼之义,又不数岁而复反于齐焉,则其不仁亦可见矣。

季文子三思而后行。子闻之,曰:"再,斯可矣。"[1]

【朱子集注】

[1] 三,去声。〇季文子,鲁大夫,名行父。每事必三思而后行,若使晋而求遭丧之礼以行,亦其一事也。斯,语辞。程子曰:"为恶之人,未尝知有思,有思则为善矣。然至于再则已审,三则私意起而反惑矣,故夫子讥之。"〇愚按:季文子虑事如此,可谓详审,而宜无过举矣。而宣公篡立,文子乃不能讨,反为之使齐而纳赂焉,岂非程子所谓私意起而反惑之验与?是以君子务穷理而贵果断,不徒多思之为尚。

子曰:"宁武子,邦有道则知,邦无道则愚。其知可及也,其愚不可及也。"[1]

【朱子集注】

[1] 知,去声。〇宁武子,卫大夫,名俞。按《春秋传》,武子仕卫,当文公、成公之时。文公有道,而武子无事可见,此其知之可及也。成公无道,至于失国,而武子周旋其间,尽心竭力,不避艰险。凡其所处,皆智巧之士所深避而不肯为者,而能卒保其身以济其君,此其愚之不可及也。〇程子曰:"邦无道,能沈晦以免患,故曰不可及也。亦有不当愚者,比干是也。"

子在陈,曰:"归与!归与!吾党之小子狂简,斐然成章,不知所以裁之。"[1]

【朱子集注】

[1] 与，平声。斐，音匪。○此孔子周流四方，道不行而思归之叹也。吾党小子，指门人之在鲁者。狂简，志大而略于事也。斐，文貌。成章，言其文理成就，有可观者。裁，割正也。夫子初心，欲行其道于天下，至是而知其终不用也。于是始欲成就后学，以传道于来世。又不得中行之士而思其次，以为狂士志意高远，犹或可与进于道也。但恐其过中失正，而或陷于异端耳，故欲归而裁之也。

子曰：“伯夷、叔齐，不念旧恶，怨是用希。”[1]

【朱子集注】

[1] 伯夷、叔齐，孤竹君之二子。孟子称其“不立于恶人之朝，不与恶人言”，“与乡人立，其冠不正，望望然去之，若将浼焉。”其介如此，宜若无所容矣；然其所恶之人，能改即止，故人亦不甚怨之也。○程子曰：“不念旧恶，此清者之量。”又曰：“二子之心，非夫子孰能知之？”

子曰：“孰谓微生高直？或乞醯焉，乞诸其邻而与之。”[1]

【朱子集注】

[1] 醯，呼西反。○微生姓，高名，鲁人，素有直名者。醯，醋也。人来乞时，其家无有，故乞诸邻家以与之。夫子言此，讥其曲意徇物，掠美市恩，不得为直也。○程子曰：“微生高所枉虽小，害直为大。”范氏曰：“是曰是，非曰非，有谓有，无谓无，曰直。圣人观人于其一介之取予，而千驷万钟从可知焉。故以微事断之，所以教人不可不谨也。”

子曰：“巧言、令色、足恭，左丘明耻之，丘亦耻之。匿怨而友其人，左丘明耻之，丘亦耻之。"[1]

【朱子集注】

[1]足，将树反。○足，过也。程子曰："左丘明，古之闻人也。"谢氏曰："二者之可耻，有甚于穿窬也。左丘明耻之，其所养可知矣。夫子自言丘亦耻之，盖窃比老彭之意，又以深戒学者，使察乎此而立心以直也。"

颜渊、季路侍。子曰："盍各言尔志？"[1]子路曰："愿车马、衣轻裘，与朋友共，敝之而无憾。"[2]颜渊曰："愿无伐善，无施劳。"[3]子路曰："愿闻子之志。"子曰："老者安之，朋友信之，少者怀之。"[4]

【朱子集注】

[1]盍，音合。○盍，何不也。

[2]衣，去声。○衣，服之也。裘，皮服。敝，坏也。憾，恨也。

[3]伐，夸也。善，谓有能。施，亦张大之意。劳，谓有功，《易》曰"劳而不伐"是也。或曰："劳，劳事也。劳事非己所欲，故亦不欲施之于人。"亦通。

[4]老者养之以安，朋友与之以信，少者怀之以恩。一说：安之，安我也；信之，信我也；怀之，怀我也。亦通。○程子曰："夫子安仁，颜渊不违仁，子路求仁。"又曰："子路、颜渊、孔子之志，皆与物共者也，但有小大之差尔。"又曰："子路勇于义者，观其志，岂可以势利拘之哉？亚于浴沂者也。颜子不自私己，故无伐善；知同于人，故无施劳。其志可谓大矣，然未免出于有意也。至于夫子，则如天地之化工，付与万物而己不劳焉，此圣人之所为也。今夫羁靮以御马而不以制牛，人皆知羁靮之作在乎人，而不知羁靮之生由于马。圣人之化，亦犹是也。先观二子之言，后观圣人之言，分明天地气象。凡看《论语》，非但欲理会文字，须要识得圣贤

气象。"

子曰:"已矣乎！吾未见能见其过而内自讼者也。"[1]

【朱子集注】

[1] 已矣乎者,恐其终不得见而叹之也。内自讼者,口不言而心自咎也。人有过而能自知者鲜矣,知过而能内自讼者为尤鲜。能内自讼,则其悔悟深切而能改必矣。夫子自恐终不得见而叹之,其警学者深矣。

子曰:"十室之邑,必有忠信如丘者焉,不如丘之好学也。"[1]

【朱子集注】

[1] 焉,如字,属上句。好,去声。○十室,小邑也。忠信如圣人,生质之美者也。夫子生知,而未尝不好学,故言此以勉人。言美质易得,至道难闻,学之至则可以为圣人,不学则不免为乡人而已。可不勉哉？

雍也第六

子曰:"雍也可使南面。"[1]仲弓问子桑伯子。子曰:"可也简。"[2]仲弓曰:"居敬而行简,以临其民,不亦可乎? 居简而行简,无乃大简乎?"[3]子曰:"雍之言然。"[4]

【朱子集注】

[1] 南面者,人君听治之位。言仲弓宽洪简重,有人君之度也。

[2] 子桑伯子,鲁人,胡氏以为疑即庄周所称子桑户者是也。仲弓以夫子许己南面,故问伯子如何。可者,仅可而有所未尽之辞。简者,不烦之谓。

[3] 大,音泰。○言自处以敬,则中有主而自治严,如是而行简以临民,则事不烦而民不扰,所以为可。若先自处以简,则中无主而自治疏矣,而所行又简,岂不失之大简,而无法度之可守乎?《家语》记伯子不衣冠而处,夫子讥其欲同人道于牛马。然则伯子盖大简者,而仲弓疑夫子之过许与?

[4] 仲弓盖未喻夫子可字之意,而其所言之理,有默契焉者,故夫子然之。○程子曰:"子桑伯子之简,虽可取而未尽善,故夫子云可也。仲弓因言内主于敬而简,则为要直;内存乎简而简,则为疏略,可谓得其旨矣。"又曰:"居敬则心中无物,故所行自简;居简则先有心于简,而多一简字矣,故曰大简。"

哀公问:"弟子孰为好学?"孔子对曰:"有颜回者好学,不迁怒,不贰过。不幸短命死矣! 今也则亡,未闻好学者也。"[1]

【朱子集注】

[1]好,去声。亡,与无同。○迁,移也。贰,复也。怒于甲者,不移于乙;过于前者,不复于后。颜子克己之功至于如此,可谓真好学矣。短命者,颜子三十二而卒也。既云今也则亡,又言未闻好学者,盖深惜之,又以见真好学者之难得也。○程子曰:"颜子之怒,在物不在己,故不迁。有不善,未尝不知,知之未尝复行,不贰过也。"又曰:"喜怒在事,则理之当喜怒者也,不在血气则不迁。若舜之诛四凶也,可怒在彼,己何与焉?如鉴之照物,妍媸在彼,随物应之而已,何迁之有?"又曰:"如颜子地位,岂有不善?所谓不善,只是微有差失。才差失便能知之,才知之便更不萌作。"张子曰:"慊于己者,不使萌于再。"或曰:"《诗》、《书》六艺,七十子非不习而通也,而夫子独称颜子为好学。颜子之所好,果何学欤?"程子曰:"学以至乎圣人之道也。""学之道奈何?"曰:"天地储精,得五行之秀者为人。其本也真而静。其未发也,五性具焉,曰仁、义、礼、智、信。形既生矣,外物触其形而动于中矣。其中动而七情出焉,曰喜、怒、哀、惧、爱、恶、欲。情既炽而益荡,其性凿矣。故觉者约其情使合于中,正其心,养其性而已。然必先明诸心,知所往,然后力行以求至焉。若颜子之非礼勿视听言动,不迁怒、贰过者,则其好之笃而学之得其道也。然其未至于圣人者,守之也,非化之也。假之以年,则不日而化矣。今人乃谓圣本生知,非学可至,而所以为学者不过记诵文辞之间,其亦异乎颜子之学矣。"

子华使于齐,冉子为其母请粟。子曰:"与之釜。"请益。曰:"与之庾。"冉子与之粟五秉。[1]子曰:"赤之适齐也,乘肥马,衣轻裘。吾闻之也,君子周急不继富。"[2]原思为之宰,与之粟九百,辞。[3]子曰:"毋!以与尔邻里乡党乎!"[4]

【朱子集注】

[1] 使、为，并去声。〇子华，公西赤也。使，为孔子使也。釜，六斗四升。庾，十六斗。秉，十六斛。

[2] 衣，去声。〇乘肥马、衣轻裘，言其富也。急，穷迫也。周者，补不足。继者，续有余。

[3] 原思，孔子弟子，名宪。孔子为鲁司寇时，以思为宰。粟，宰之禄也。九百，不言其量，不可考。

[4] 毋，禁止辞。五家为邻，二十五家为里，万二千五百家为乡，五百家为党。言常禄不当辞，有余自可推之以周贫乏，盖邻里乡党有相周之义。〇程子曰："夫子之使子华，子华之为夫子使，义也。而冉子乃为之请。圣人宽容，不欲直拒人，故与之少，所以示不当与也。请益，而与之亦少，所以示不当益也。求未达而自与之多，则已过矣，故夫子非之。盖赤苟至乏，则夫子必自周之，不待请矣。原思为宰，则有常禄。思辞其多，故又教以分诸邻里之贫者，盖亦莫非义也。"〇张子曰："于斯二者，可见圣人之用财矣。"

子谓仲弓，曰："犁牛之子骍且角，虽欲勿用，山川其舍诸？"[1]

【朱子集注】

[1] 犁，利之反。骍，息营反。舍，上声。〇犁，杂文。骍，赤色。周人尚赤，牲用骍。角，角周正，中牺牲也。用，用以祭也。山川，山川之神也。言人虽不用，神必不舍也。仲弓父贱而行恶，故夫子以此譬之。言父之恶不能废其子之善，如仲弓之贤，自当见用于世也。然此论仲弓云尔，非与仲弓言也。〇范氏曰："以瞽瞍为父而有舜，以鲧为父而有禹，古之圣贤不系于世类，尚矣。子能改父之过，变恶以为美，则可谓孝矣。"

子曰："回也，其心三月不违仁，其余则日月至焉而已矣。"[1]

【朱子集注】

[1] 三月，言其久。仁者，心之德。心不违仁者，无私欲而有其德也。日月至焉者，或日一至焉，或月一至焉，能造其域而不能久也。○程子曰："三月，天道小变之节，言其久也，过此则圣人矣。不违仁，只是无纤毫私欲。少有私欲，便是不仁。"尹氏曰："此颜子于圣人，未达一间者也，若圣人则浑然无间断矣。"张子曰："始学之要，当知'三月不违'与'日月至焉'内外宾主之辨。使心意勉勉循循而不能已，过此几非在我者。"

季康子问："仲由可使从政也与？"子曰："由也果，于从政乎何有？"曰："赐也可使从政也与？"曰："赐也达，于从政乎何有？"曰："求也可使从政也与？"曰："求也艺，于从政乎何有？"[1]

【朱子集注】

[1] 与，平声。○从政，谓为大夫。果，有决断。达，通事理。艺，多才能。○程子曰："季康子问三子之才可以从政乎，夫子答以各有所长。非惟三子，人各有所长。能取其长，皆可用也。"

季氏使闵子骞为费宰。闵子骞曰："善为我辞焉。如有复我者，则吾必在汶上矣。"[1]

【朱子集注】

[1] 费，音秘。为，去声。汶，音问。○闵子骞，孔子弟子，名损。

费,季氏邑。汶,水名,在齐南鲁北境上。闵子不欲臣季氏,令使者善为
己辞,言若再来召我,则当去之齐。○程子曰:"仲尼之门,能不仕大夫之
家者,闵子、曾子数人而已。"谢氏曰:"学者能少知内外之分,皆可以乐道
而忘人之势。况闵子得圣人为之依归,彼其视季氏不义之富贵,不啻犬
彘。又从而臣之,岂其心哉? 在圣人则有不然者,盖居乱邦、见恶人,在
圣人则可;自圣人以下,刚则必取祸,柔则必取辱。闵子岂不能早见而豫
待之乎? 如由也不得其死,求也为季氏附益,夫岂其本心哉? 盖既无先
见之知,又无克乱之才故也。然则闵子其贤乎!"

伯牛有疾,子问之,自牖执其手,曰:"亡之,命矣夫! 斯
人也而有斯疾也! 斯人也而有斯疾也!"[1]

【朱子集注】

[1] 夫,音扶。○伯牛,孔子弟子,姓冉,名耕。有疾,先儒以为癞
也。牖,南牖也。礼,病者居北牖下。君视之,则迁于南牖下,使君得以
南面视己。时伯牛家以此礼尊孔子,孔子不敢当,故不入其室,而自牖执
其手,盖与之永诀也。命,谓天命。言此人不应有此疾,而今乃有之,是
乃天之所命也。然则非其不能谨疾而有以致之,亦可见矣。○侯氏曰:
"伯牛以德行称,亚于颜、闵。故其将死也,孔子尤痛惜之。"

子曰:"贤哉,回也! 一箪食,一瓢饮,在陋巷。人不堪
其忧,回也不改其乐。贤哉,回也!"[1]

【朱子集注】

[1] 食,音嗣。乐,音洛。○箪,竹器。食,饭也。瓢,瓠也。颜子之
贫如此,而处之泰然,不以害其乐,故夫子再言"贤哉回也"以深叹美之。
○程子曰:"颜子之乐,非乐箪瓢陋巷也,不以贫窭累其心而改其所乐也,

故夫子称其贤。"又曰:"箪瓢陋巷非可乐,盖自有其乐尔。'其'字当玩味,自有深意。"又曰:"昔受学于周茂叔,每令寻仲尼、颜子乐处,所乐何事?"愚按:程子之言,引而不发,盖欲学者深思而自得之。今亦不敢妄为之说。学者但当从事于博文约礼之诲,以至于欲罢不能而竭其才,则庶乎有以得之矣。

冉求曰:"非不说子之道,力不足也。"子曰:"力不足者,中道而废。今女画。"[1]

【朱子集注】

　　[1]说,音悦。女,音汝。○力不足者,欲进而不能。画者,能进而不欲。谓之画者,如画地以自限也。○胡氏曰:"夫子称颜回不改其乐,冉求闻之,故有是言。然使求说夫子之道,诚如口之说刍豢,则必将尽力以求之,何患力之不足哉?画而不进,则日退而已矣,此冉求之所以局于艺也。"

子谓子夏曰:"女为君子儒,无为小人儒。"[1]

【朱子集注】

　　[1]儒,学者之称。○程子曰:"君子儒为己,小人儒为人。"○谢氏曰:"君子、小人之分,义与利之间而已。然所谓利者,岂必殖货财之谓?以私灭公,适己自便,凡可以害天理者皆利也。子夏文学虽有余,然意其远者大者或昧焉,故夫子语之以此。"

子游为武城宰。子曰:"女得人焉尔乎?"曰:"有澹台灭明者,行不由径,非公事,未尝至于偃之室也。"[1]

【朱子集注】

[1] 女，音汝。澹，徒甘反。○武城，鲁下邑。澹台姓，灭明名，字子羽。径，路之小而捷者。公事，如饮射读法之类。不由径，则动必以正，而无见小欲速之意可知。非公事不见邑宰，则其有以自守，而无枉己徇人之私可见矣。○杨氏曰："为政以人才为先，故孔子以得人为问。如灭明者，观其二事之小，而其正大之情可见矣。后世有不由径者，人必以为迂；不至其室，人必以为简。非孔氏之徒，其孰能知而取之？"愚谓持身以灭明为法，则无苟贱之羞；取人以子游为法，则无邪媚之惑。

子曰："孟之反不伐，奔而殿，将入门，策其马，曰：'非敢后也，马不进也。'"[1]

【朱子集注】

[1] 殿，去声。○孟之反，鲁大夫，名侧。胡氏曰："反即庄周所称孟子反者是也。"伐，夸功也。奔，败走也。军后曰殿。策，鞭也。战败而还，以后为功。反奔而殿，故以此言自掩其功也。事在哀公十一年。○谢氏曰："人能操无欲上人之心，则人欲日消，天理日明，而凡可以矜己夸人者，皆无足道矣。然不知学者欲上人之心无时而忘也，若孟之反，可以为法矣。"

子曰："不有祝鮀之佞，而有宋朝之美，难乎免于今之世矣！"[1]

【朱子集注】

[1] 鮀，徒河反。○祝，宗庙之官。鮀，卫大夫，字子鱼，有口才。朝，宋公子，有美色。言衰世好谀悦色，非此难免，盖伤之也。

子曰："谁能出不由户？何莫由斯道也？"[1]

【朱子集注】

[1] 言人不能出不由户，何故乃不由此道耶？怪而叹之之辞。○洪氏曰："人知出必由户，而不知行必由道。非道远人，人自远尔。"

子曰："质胜文则野，文胜质则史。文质彬彬，然后君子。"[1]

【朱子集注】

[1] 野，野人，言鄙略也。史，掌文书，多闻习事，而诚或不足也。彬彬，犹班班，物相杂而适均之貌。言学者当损有余，补不足，至于成德，则不期然而然矣。○杨氏曰："文质不可以相胜。然质之胜文，犹言甘可以受和，白可以受采也。文胜而至于灭质，则其本亡矣。虽有文，将安施乎？然则与其史也，宁野。"

子曰："人之生也直，罔之生也幸而免。"[1]

【朱子集注】

[1] 程子曰："生理本直。罔，不直也，而亦生者，幸而免尔。"

子曰："知之者不如好之者，好之者不如乐之者。"[1]

【朱子集注】

[1] 好，去声。乐，音洛。○尹氏曰："知之者，知有此道也。好之者，好而未得也。乐之者，有所得而乐之也。"○张敬夫曰："譬之五谷，知

者知其可食者也,好者食而嗜之者也,乐者嗜之而饱者也。知而不能好,则是知之未至也;好之而未及于乐,则是好之未至也。此古之学者所以自强而不息者欤?"

子曰:"中人以上,可以语上也;中人以下,不可以语上也。"[1]

【朱子集注】

[1] 以上之上,上声。语,去声。○语,告也。言教人者当随其高下而告语之,则其言易入而无躐等之弊也。○张敬夫曰:"圣人之道,精粗虽无二致,但其施教,则必因其材而笃焉。盖中人以下之质,骤而语之太高,非惟不能以入,且将妄意躐等,而有不切于身之弊,亦终于下而已矣。故就其所及而语之,是乃所以使之切问近思,而渐进于高远也。"

樊迟问知。子曰:"务民之义,敬鬼神而远之,可谓知矣。"问仁。曰:"仁者先难而后获,可谓仁矣。"[1]

【朱子集注】

[1] 知、远,皆去声。○民,亦人也。获,谓得也。专用力于人道之所宜,而不惑于鬼神之不可知,知者之事也。先其事之所难,而后其效之所得,仁者之心也。此必因樊迟之失而告之。○程子曰:"人多信鬼神,惑也。而不信者又不能敬。能敬能远,可谓知矣。"又曰:"先难,克己也。以所难为先,而不计所获,仁也。"吕氏曰:"当务为急,不求所难知;力行所知,不惮所难为。"

子曰:"知者乐水,仁者乐山;知者动,仁者静;知者乐,

77

仁者寿。"[1]

【朱子集注】

[1]知,去声。乐,上二字并五教反,下一字音洛。○乐,喜好也。知者达于事理而周流无滞,有似于水,故乐水。仁者安于义理而厚重不迁,有似于山,故乐山。动静以体言,乐寿以效言也。动而不括故乐,静而有常故寿。○程子曰:"非体仁、知之深者,不能如此形容之。"

子曰:"齐一变,至于鲁;鲁一变,至于道。"[1]

【朱子集注】

[1]孔子之时,齐俗急功利,喜夸诈,乃霸政之余习。鲁则重礼教,崇信义,犹有先王之遗风焉,但人亡政息,不能无废坠尔。道,则先王之道也。言二国之政俗有美恶,故其变而之道有难易。○程子曰:"夫子之时,齐强鲁弱,孰不以为齐胜鲁也,然鲁犹存周公之法制。齐由桓公之霸,为从简尚功之治,太公之遗法变易尽矣,故一变乃能至鲁。鲁则修举废坠而已,一变则至于先王之道也。"愚谓二国之俗,惟夫子为能变之而不得试。然因其言以考之,则其施为缓急之序,亦略可见矣。

子曰:"觚不觚,觚哉? 觚哉?"[1]

【朱子集注】

[1]觚,音孤。○觚,棱也,或曰酒器,或曰木简,皆器之有棱者也。不觚者,盖当时失其制而不为棱也。觚哉觚哉,言不得为觚也。○程子曰:"觚而失其形制,则非觚也。举一器,而天下之物莫不皆然。故君而失其君之道,则为不君;臣而失其臣之职,则为虚位。"范氏曰:"人而不仁则非人,国而不治则不国矣。"

宰我问曰:"仁者,虽告之曰:'井有仁焉',其从之也?"子曰:"何为其然也? 君子可逝也,不可陷也;可欺也,不可罔也。"[1]

【朱子集注】

[1] 刘聘君曰:"有仁之仁当作人。"今从之。从,谓随之于井而救之也。宰我信道不笃,而忧为仁之陷害,故有此问。逝,谓使之往救。陷,谓陷之于井。欺,谓诳之以理之所有。罔,谓昧之以理之所无。盖身在井上,乃可以救井中之人,若从之于井,则不复能救之矣。此理甚明,人所易晓。仁者虽切于救人而不私其身,然不应如此之愚也。

子曰:"君子博学于文,约之以礼,亦可以弗畔矣夫!"[1]

【朱子集注】

[1] 夫,音扶。○约,要也。畔,背也。君子学欲其博,故于文无不考;守欲其要,故其动必以礼。如此,则可以不背于道矣。○程子曰:"博学于文而不约之以礼,必至于汗漫。博学矣,又能守礼而由于规矩,则亦可以不畔道矣。"

子见南子,子路不说。夫子矢之曰:"予所否者,天厌之! 天厌之!"[1]

【朱子集注】

[1] 说,音悦。否,方九反。○南子,卫灵公之夫人,有淫行。孔子至卫,南子请见,孔子辞谢,不得已而见之。盖古者仕于其国,有见其小君之礼。而子路以夫子见此淫乱之人为辱,故不悦。矢,誓也。所,誓辞

79

也,如云"所不与崔、庆者"之类。否,谓不合于礼,不由其道也。厌,弃绝也。圣人道大德全,无可不可。其见恶人,固谓在我有可见之礼,则彼之不善,我何与焉。然此岂子路所能测哉?故重言以誓之,欲其姑信此而深思以得之也。

子曰:"中庸之为德也,其至矣乎!民鲜久矣。"[1]

【朱子集注】

[1]鲜,上声。○中者,无过无不及之名也。庸,平常也。至,极也。鲜,少也。言民少此德,今已久矣。○程子曰:"不偏之谓中,不易之谓庸。中者天下之正道,庸者天下之定理。自世教衰,民不兴于行,少有此德久矣。"

子贡曰:"如有博施于民而能济众,何如?可谓仁乎?"子曰:"何事于仁,必也圣乎!尧、舜其犹病诸![1]夫仁者,己欲立而立人,己欲达而达人。[2]能近取譬,可谓仁之方也已。"[3]

【朱子集注】

[1]施,去声。○博,广也。仁以理言,通乎上下。圣以地言,则造其极之名也。乎者,疑而未定之辞。病,心有所不足也。言此何止终仁,必也圣人能之乎!则虽尧、舜之圣,其心犹有所不足于此也。以是求仁,愈难而愈远矣。

[2]夫,音扶。○以己及人,仁者之心也。于此观之,可以见天理之周流而无间矣。状仁之体,莫切于此。

[3]譬,喻也。方,术也。近取诸身,以己所欲譬之他人,知其所欲亦犹是也。然后推其所欲以及于人,则恕之事而仁之术也。于此勉焉,

则有以胜其人欲之私，而全其天理之公矣。○程子曰："医书以手足痿痹为不仁，此言最善名状。仁者以天地万物为一体，莫非己也。认得为己，何所不至，若不属己，自与己不相干。如手足之不仁，气已不贯，皆不属己。故博施济众，乃圣人之功用。仁至难言，故止曰：'己欲立而立人，己欲达而达人，能近取譬，可谓仁之方也已。'欲令如是观仁，可以得仁之体。"又曰："《论语》言尧、舜其犹病诸者二。夫博施者，岂非圣人之所欲？然必五十乃衣帛，七十乃食肉。圣人之心，非不欲少者亦衣帛食肉也，顾其养有所不赡尔，此病其施之不博也。济众者，岂非圣人之所欲？然治不过九州。圣人非不欲四海之外亦兼济也，顾其治有所不及尔，此病其济之不众也。推此以求，修己以安百姓，则为病可知。苟以吾治已足，则便不是圣人。"○吕氏曰："子贡有志于仁，徒事高远，未知其方。孔子教以于己取之，庶近而可入。是乃为仁之方，虽博施济众，亦由此进。"

卷第四

述而第七

子曰："述而不作，信而好古，窃比于我老彭。"[1]

【朱子集注】

[1] 好，去声。○述，传旧而已。作，则创始也。故作非圣人不能，而述则贤者可及。窃比，尊之之辞。我，亲之之辞。老彭，商贤大夫，见《大戴礼》，盖信古而传述者也。孔子删《诗》、《书》，定《礼》、《乐》，赞《周易》，修《春秋》，皆传先王之旧，而未尝有所作也，故其自言如此。盖不唯不敢当作者之圣，而亦不敢显然自附于古之贤人。盖其德愈盛而心愈下，不自知其辞之谦也。然当是时，作者略备，夫子盖集群圣之大成而折衷之。其事虽述，而功则倍于作矣，此又不可不知也。

子曰："默而识之，学而不厌，诲人不倦，何有于我哉？"[1]

【朱子集注】

[1] 识，音志，又如字。○识，记也。默识，谓不言而存诸心也。一说：识，知也，不言而心解也。前说近是。何有于我，言何者能有于我也。三者已非圣人之极至，而犹不敢当，则谦而又谦之辞也。

子曰："德之不修，学之不讲，闻义不能徙，不善不能改，是吾忧也。"[1]

【朱子集注】

[1] 尹氏曰："德必修而后成，学必讲而后明，见善能徙，改过不吝，此四者，日新之要也。苟未能之，圣人犹忧，况学者乎？"

子之燕居，申申如也，夭夭如也。[1]

【朱子集注】

[1] 燕居，闲暇无事之时。○杨氏曰："申申，其容舒也。夭夭，其色愉也。"○程子曰："此弟子善形容圣人处也，为申申字说不尽，故更著夭夭字。今人燕居之时，不惰慢放肆，必太严厉。严厉时著此四字不得，惰慢放肆时亦著此四字不得，惟圣人便自有中和之气。"

子曰："甚矣吾衰也！久矣吾不复梦见周公！"[1]

【朱子集注】

[1] 复，扶又反。○孔子盛时，志欲行周公之道，故梦寐之间，如或见之。至其老而不能行也，则无复是心，而亦无复是梦矣，故因此而自叹其衰之甚也。○程子曰："孔子盛时，寤寐常存行周公之道。及其老也，则志虑衰而不可以有为矣。盖存道者心，无老少之异；而行道者身，老则衰也。"

子曰："志于道，[1]据于德，[2]依于仁，[3]游于艺。"[4]

【朱子集注】

[1] 志者，心之所之之谓。道，则人伦日用之间所当行者是也。知

此而心必之焉,则所适者正,而无他歧之惑矣。

[2] 据者,执守之意。德,则行道而有得于心而不失之谓也。得之于心而守之不失,则终始惟一,而有日新之功矣。

[3] 依者,不违之谓。仁,则私欲尽去而心德之全也。功夫至此而无终食之违,则存养之熟,无适而非天理之流行矣。

[4] 游者,玩物适情之谓。艺,则礼乐之文,射御书数之法,皆至理所寓,而日用之不可阙者也。朝夕游焉,以博其义理之趣,则应务有余,而心亦无所放矣。○此章言人之为学当如是也,盖学莫先于立志。志道,则心存于正而不他;据德,则道得于心而不失;依仁,则德性常用而物欲不行;游艺,则小物不遗而动息有养。学者于此,有以不失其先后之序、轻重之伦焉,则本末兼该,内外交养,日用之间,无少间隙,而涵泳从容,忽不自知其入于圣贤之域矣。

子曰:“自行束脩以上,吾未尝无诲焉。”[1]

【朱子集注】

[1] 脩,脯也。十脡为束。古者相见,必执贽以为礼,束脩其至薄者。盖人之有生,同具此理,故圣人之于人,无不欲其入于善。但不知来学,则无往教之礼,故苟以礼来,则无不有以教之也。

子曰:“不愤不启,不悱不发,举一隅不以三隅反,则不复也。”[1]

【朱子集注】

[1] 愤,房粉反。悱,芳匪反。复,扶又反。○愤者,心求通而未得之意。悱者,口欲言而未能之貌。启,谓开其意。发,谓达其辞。物之有四隅者,举一可知其三。反者,还以相证之义。复,再告也。上章已言圣

人诲人不倦之意,因并记此,欲学者勉于用力,以为受教之地也。○程子曰:"愤、悱,诚意之见于色辞者也。待其诚至而后告之。既告之,又必待其自得,乃复告尔。"又曰:"不待愤、悱而发,则知之不能坚固;待其愤、悱而后发,则沛然矣。"

子食于有丧者之侧,未尝饱也。[1]子于是日哭,则不歌。[2]

【朱子集注】

　[1]临丧哀,不能甘也。

　[2]哭,谓吊哭。一日之内,余哀未忘,自不能歌也。○谢氏曰:"学者于此二者,可见圣人情性之正也。能识圣人之情性,然后可以学道。"

子谓颜渊曰:"用之则行,舍之则藏,唯我与尔有是夫!"[1]子路曰:"子行三军,则谁与?"[2]子曰:"暴虎冯河,死而无悔者,吾不与也。必也临事而惧,好谋而成者也。"[3]

【朱子集注】

　[1]舍,上声。夫,音扶。○尹氏曰:"用舍无与于己,行藏安于所遇,命不足道也。颜子几于圣人,故亦能之。"

　[2]万二千五百人为军,大国三军。子路见孔子独美颜渊,自负其勇,意夫子若行三军,必与己同。

　[3]冯,皮冰反。好,去声。○暴虎,徒搏。冯河,徒涉。惧,谓敬其事。成,谓成其谋。言此皆以抑其勇而教之,然行师之要实不外此,子路盖不知也。○谢氏曰:"圣人于行藏之间,无意无必。其行非贪位,其藏非独善也。若有欲心,则不用而求行,舍之而不藏矣,是以惟颜子为可以与于此。子路虽非有欲心者,然未能无固必也,至以行三军为问,则其论

85

益卑矣。夫子之言，盖因其失而救之。夫不谋无成，不惧必败，小事尚然，而况于行三军乎？"

子曰："富而可求也，虽执鞭之士，吾亦为之。如不可求，从吾所好。"[1]

【朱子集注】

[1] 好，去声。○执鞭，贱者之事。设言富若可求，则虽身为贱役以求之，亦所不辞。然有命焉，非求之可得也，则安于义理而已矣，何必徒取辱哉？○苏氏曰："圣人未尝有意于求富也，岂问其可不可哉？为此语者，特以明其决不可求尔。"○杨氏曰："君子非恶富贵而不求，以其在天，无可求之道也。"

子之所慎：齐，战，疾。[1]

【朱子集注】

[1] 齐，侧皆反。○齐之为言齐也，将祭而齐其思虑之不齐者，以交于神明也。诚之至与不至，神之飨与不飨，皆决于此。战，则众之死生、国之存亡系焉。疾又吾身之所以死生存亡者，皆不可以不谨也。○尹氏曰："夫子无所不谨，弟子记其大者耳。"

子在齐闻《韶》，三月不知肉味，曰："不图为乐之至于斯也！"[1]

【朱子集注】

[1]《史记》三月上有"学之"二字。不知肉味，盖心一于是而不及乎

他也。曰不意舜之作乐至于如此之美,则有以极其情文之备,而不觉其叹息之深也。盖非圣人不足以及此。○范氏曰:"《韶》尽美又尽善,乐之无以加此也。故学之三月,不知肉味,而叹美之如此。诚之至,感之深也。"

冉有曰:"夫子为卫君乎?"子贡曰:"诺。吾将问之。"[1]入,曰:"伯夷、叔齐何人也?"曰:"古之贤人也。"曰:"怨乎?"曰:"求仁而得仁,又何怨?"出,曰:"夫子不为也。"[2]

【朱子集注】

[1]为,去声。○为,犹助也。卫君,出公辄也。灵公逐其世子蒯聩,公薨,而国人立蒯聩之子辄,于是晋纳蒯聩而辄拒之。时孔子居卫,卫人以蒯聩得罪于父,而辄嫡孙当立,故冉有疑而问之。诺,应辞也。

[2]伯夷、叔齐,孤竹君之二字。其父将死,遗命立叔齐。父卒,叔齐逊伯夷。伯夷曰:"父命也。"遂逃去。叔齐亦不立而逃之,国人立其中子。其后武王伐纣,夷、齐扣马而谏。武王灭商,夷、齐耻食周粟,去,隐于首阳山,遂饿而死。怨,犹悔也。君子居是邦,不非其大夫,况其君乎?故子贡不斥卫君,而以夷、齐为问。夫子告之如此,则其不为卫君可知矣。盖伯夷以父命为尊,叔齐以天伦为重。其逊国也,皆求所以合乎天理之正,而即乎人心之安。既而各得其志焉,则视弃其国犹敝蹝尔,何怨之有?若卫辄之据国拒父而惟恐失之,其不可同年而语明矣。○程子曰:"伯夷、叔齐逊国而逃,谏伐而饿,终无怨悔,夫子以为贤,故知其不与辄也。"

子曰:"饭疏食,饮水,曲肱而枕之,乐亦在其中矣。不义而富且贵,于我如浮云。"[1]

【朱子集注】

[1] 饭，符晚反。食，音嗣。枕，去声。乐，音洛。○饭，食之也。疏食，粗饭也。圣人之心，浑然天理，虽处困极，而乐亦无不在焉。其视不义之富贵，如浮云之无有，漠然无所动于其中也。○程子曰："非乐疏食饮水也，虽疏食饮水不能改其乐也。不义之富贵，视之轻如浮云然。"又曰："须知所乐者何事。"

子曰："加我数年，五十以学《易》，可以无大过矣。"[1]

【朱子集注】

[1] 刘聘君见元城刘忠定公，自言尝读他论"加"作假，"五十"作卒。盖加、假声相近而误读，卒与五十字相似而误分也。愚按：此章之言，《史记》作"假我数年，若是我于《易》则彬彬矣"，加正作假，而无五十字。盖是时，孔子年已几七十矣，五十字误无疑也。学《易》，则明乎吉凶消长之理，进退存亡之道，故可以无大过。盖圣人深见《易》道之无穷，而言此以教人，使知其不可不学，而又不可以易而学也。

子所雅言，《诗》、《书》、执礼，皆雅言也。[1]

【朱子集注】

[1] 雅，常也。执，守也。《诗》以理情性，《书》以道政事，礼以谨节文，皆切于日用之实，故常言之。礼独言执者，以人所执守而言，非徒诵说而已也。○程子曰："孔子雅素之言，止于如此。若性与天道，则有不可得而闻者，要在默而识之也。"○谢氏曰："此因学《易》之语而类记之。"

叶公问孔子于子路，子路不对。[1]子曰："女奚不曰，其为人也，发愤忘食，乐以忘忧，不知老之将至云尔。"[2]

【朱子集注】

[1] 叶，舒涉反。○叶公，楚叶县尹沈诸梁，字子高，僭称公也。叶公不知孔子，必有非所问而问者，故子路不对。抑亦以圣人之德，实有未易名言者与？

[2] 未得，则发愤而忘食；已得，则乐之而忘忧。以是二者俯焉日有孳孳，而不知年数之不足，但自言其好学之笃耳。然深味之，则见其全体至极纯亦不已之妙，有非圣人不能及者。盖凡夫子之自言类如此，学者宜致思焉。

子曰："我非生而知之者，好古，敏以求之者也。"[1]

【朱子集注】

[1] 好，去声。○生而知之者，气质清明，义理昭著，不待学而知也。敏，速也，谓汲汲也。○尹氏曰："孔子以生知之圣，每云好学者，非惟勉人也，盖生而可知者义理尔，若夫礼乐名物、古今事变，亦必待学而后有以验其实也。"

子不语怪、力、乱、神。[1]

【朱子集注】

[1] 怪异、勇力、悖乱之事，非理之正，固圣人所不语。鬼神造化之迹，虽非不正，然非穷理之至，有未易明者，故亦不轻以语人也。○谢氏曰："圣人语常而不语怪，语德而不语力，语治而不语乱，语人而不语神。"

子曰:"三人行,必有我师焉。择其善者而从之,其不善者而改之。"[1]

【朱子集注】

[1] 三人同行,其一我也。彼二人者,一善一恶,则我从其善而改其恶焉。是二人者,皆我师也。○尹氏曰:"见贤思齐,见不贤而内自省,则善恶皆我之师,进善其有穷乎?"

子曰:"天生德于予,桓魋其如予何?"[1]

【朱子集注】

[1] 魋,徒雷反。○桓魋,宋司马向魋也。出于桓公,故又称桓氏。魋欲害孔子,孔子言天既赋我以如是之德,则桓魋其奈我何? 言必不能违天害己。

子曰:"二三子以我为隐乎? 吾无隐乎尔。吾无行而不与二三子者,是丘也。"[1]

【朱子集注】

[1] 诸弟子以夫子之道高深不可几及,故疑其有隐,而不知圣人作止语默无非教也,故夫子以此言晓之。与,犹示也。○程子曰:"圣人之道犹天然,门弟子亲炙而冀及之,然后知其高且远也。使诚以为不可及,则趋向之心不几于怠乎? 故圣人之教,常俯而就之如此,非独使资质庸下者勉思企及,而才气高迈者亦不敢躐易而进也。"吕氏曰:"圣人体道无隐,与天象昭然,莫非至教。常以示人,而人自不察。"

子以四教:文、行、忠、信。[1]

【朱子集注】

[1] 行,去声。〇程子曰:"教人以学文修行而存忠信也。忠信,本也。"

子曰:"圣人,吾不得而见之矣;得见君子者,斯可矣。"[1]子曰:"善人,吾不得而见之矣;得见有恒者,斯可矣。"[2]亡而为有,虚而为盈,约而为泰,难乎有恒矣。"[3]

【朱子集注】

[1] 圣人,神明不测之号。君子,才德出众之名。

[2] 恒,胡登反。〇"子曰"字,疑衍文。恒,常久之意。张子曰:"有恒者,不贰其心。善人者,志于仁而无恶。"

[3] 亡,读为无。〇三者皆虚夸之事,凡若此者,必不能守其常也。〇张敬夫曰:"圣人、君子以学言,善人、有恒者以质言。"愚谓有恒者之与圣人,高下固悬绝矣,然未有不自有恒而能至于圣者也。故章末申言有恒之义,其示人入德之门,可谓深切而著明矣。

子钓而不纲,弋不射宿。[1]

【朱子集注】

[1] 射,食亦反。〇纲,以大绳属网,绝流而渔者也。弋,以生丝系矢而射也。宿,宿鸟。〇洪氏曰:"孔子少贫贱,为养与祭,或不得已而钓弋,如猎较是也。然尽物取之,出其不意,亦不为也。此可见仁人之本心矣。待物如此,待人可知;小者如此,大者可知。"

子曰:"盖有不知而作之者,我无是也。多闻择其善者而从之,多见而识之,知之次也。"[1]

【朱子集注】

[1] 识,音志。○不知而作,不知其理而妄作也。孔子自言未尝妄作,盖亦谦辞,然亦可见其无所不知也。识,记也。所从不可不择,记则善恶皆当存之,以备参考。如此者虽未能实知其理,亦可以次于知之者也。

互乡难与言,童子见,门人惑。[1]子曰:"与其进也,不与其退也,唯何甚? 人洁己以进,与其洁也,不保其往也。"[2]

【朱子集注】

[1] 见,贤遍反。○互乡,乡名。其人习于不善,难与言善。惑者,疑夫子不当见之也。

[2] 疑此章有错简。"人洁"至"往也"十四字,当在"与其进也"之前。洁,修治也。与,许也。往,前日也。言人洁己而来,但许其能自洁耳,固不能保其前日所为之善恶;但许其进而来见耳,非许其既退而为不善也。盖不追其既往,不逆其将来,以是心至,斯受之耳。"唯"字上下,疑又有阙文,大抵亦不为已甚之意。○程子曰:"圣人待物之洪如此。"

子曰:"仁远乎哉? 我欲仁,斯仁至矣。"[1]

【朱子集注】

[1] 仁者,心之德,非在外也。放而不求,故有以为远者。反而求

之，则即此而在矣，夫岂远哉？○程子曰："为仁由己，欲之则至，何远之有？"

陈司败问："昭公知礼乎？"孔子曰："知礼。"[1]孔子退，揖巫马期而进之，曰："吾闻君子不党，君子亦党乎？君取于吴为同姓，谓之吴孟子。君而知礼，孰不知礼？"[2]巫马期以告。子曰："丘也幸，苟有过，人必知之。"[3]

【朱子集注】

[1] 陈，国名。司败，官名，即司寇也。昭公，鲁君，名裯。习于威仪之节，当时以为知礼。故司败以为问，而孔子答之如此。

[2] 取，七住反。○巫马，姓；期，字；孔子弟子，名施。司败揖而进之也。相助匿非曰党。礼不娶同姓，而鲁与吴皆姬姓。谓之吴孟子者，讳之，使若宋女子姓者然。

[3] 孔子不可自谓讳君之恶，又不可以娶同姓为知礼，故受以为过而不辞。○吴氏曰："鲁盖夫子父母之国。昭公，鲁之先君也。司败又未尝显言其事，而遽以知礼为问，其对之宜如此也。及司败以为有党，而夫子受以为过，盖夫子之盛德，无所不可也。然其受以为过也，亦不正言其所以过，初若不知孟子之事者，可以为万世之法矣。"

子与人歌而善，必使反之，而后和之。[1]

【朱子集注】

[1] 和，去声。○反，复也。必使复歌者，欲得其详而取其善也。而后和之者，喜得其详而与其善也。此见圣人气象从容，诚意恳至，而其谦逊审密，不掩人善又如此。盖一事之微，而众善之集，有不可胜既者焉，读者宜详味之。

子曰:"文,莫吾犹人也。躬行君子,则吾未之有得。"[1]

【朱子集注】

[1] 莫,疑辞。犹人,言不能过人,而尚可以及人。未之有得,则全未有得,皆自谦之词。而足以见言行之难易缓急,欲人之勉其实也。○谢氏曰:"文,虽圣人,无不与人同,故不逊;能躬行君子,斯可以入圣,故不居。犹言君子道者三,我无能焉。"

子曰:"若圣与仁,则吾岂敢? 抑为之不厌,诲人不倦,则可谓云尔已矣。"公西华曰:"正唯弟子不能学也。"[1]

【朱子集注】

[1] 此亦夫子之谦辞也。圣者,大而化之。仁,则心德之全而人道之备也。为之,谓为仁圣之道。诲人,亦谓以此教人也。然不厌不倦,非己有之则不能,所以弟子不能学也。○晁氏曰:"当时有称夫子圣且仁者,以故夫子辞之。苟辞之而已焉,则无以进天下之材,率天下之善,将使圣与仁为虚器,而人终莫能至矣。故夫子虽不居仁圣,而必以为之不厌、诲人不倦自处也。"可谓云尔已矣者,无他之辞也。公西华仰而叹之,其亦深知夫子之意矣。

子疾病,子路请祷。子曰:"有诸?"子路对曰:"有之。诔曰:'祷尔于上下神祇。'"子曰:"丘之祷久矣。"[1]

【朱子集注】

[1] 诔,力轨反。○祷,谓祷于鬼神。有诸,问有此理否。诔者,哀死而述其行之词也。上下,谓天地。天曰神,地曰祇。祷者,悔过迁善,

以祈神之佑也。无其理则不必祷,既曰有之,则圣人未尝有过,无善可迁。其素行固已合于神明,故曰:"丘之祷久矣。"又《士丧礼》,疾病行祷五祀,盖臣子迫切之至情,有不能自已者,初不请于病者而后祷也。故孔子之于子路,不直拒之,而但告以无所事祷之意。

子曰:"奢则不孙,俭则固。与其不孙也,宁固。"[1]

【朱子集注】

[1] 孙,去声。○孙,顺也。固,陋也。奢、俭俱失中,而奢之害大。○晁氏曰:"不得已而救时之弊也。"

子曰:"君子坦荡荡,小人长戚戚。"[1]

【朱子集注】

[1] 坦,平也。荡荡,宽广貌。○程子曰:"君子循理,故常舒泰;小人役于物,故多忧戚。"○程子曰:"君子坦荡荡,心广体胖。"

子温而厉,威而不猛,恭而安。[1]

【朱子集注】

[1] 厉,严肃也。人之德性本无不备,而气质所赋,鲜有不偏。惟圣人全体浑然,阴阳合德,故其中和之气见于容貌之间者如此。门人熟察而详记之,亦可见其用心之密矣。抑非知足以知圣人而善言德行者不能也,故程子以为曾子之言。学者所宜反复而玩心也。

泰伯第八

子曰："泰伯，其可谓至德也已矣！三以天下让，民无得而称焉。"[1]

【朱子集注】

[1] 泰伯，周大王之长子。至德，谓德之至极，无以复加者也。三让，谓固逊也。无得而称，其逊隐微，无迹可见也。盖大王三子：长泰伯，次仲雍，次季历。大王之时，商道寖衰，而周日强大。季历又生子昌，有圣德。大王因有翦商之志，而泰伯不从，大王遂欲传位季历以及昌。泰伯知之，即与仲雍逃之荆蛮。于是大王乃立季历，传国至昌，而三分天下有其二，是为文王。文王崩，子发立，遂克商而有天下，是为武王。夫以泰伯之德，当商、周之际，固足以朝诸侯有天下矣，乃弃不取而又泯其迹焉，则其德之至极为何如哉！盖其心即夷、齐扣马之心，而事之难处有甚焉者，宜夫子之叹息而赞美之也。泰伯不从，事见《春秋传》。

子曰："恭而无礼则劳，慎而无礼则葸，勇而无礼则乱，直而无礼则绞。[1]君子笃于亲，则民兴于仁，故旧不遗，则民不偷。"[2]

【朱子集注】

[1] 葸，丝里反。绞，古卯反。○葸，畏惧貌。绞，急切也。无礼则无节文，故有四者之弊。

[2] 君子，谓在上之人也。兴，起也。偷，薄也。○张子曰："人道知

96

所先后,则恭不劳、慎不葸、勇不乱、直不绞,民化而德厚矣。"○吴氏曰:
"君子以下,当自为一章,乃曾子之言也。"愚按:此一节与上文不相蒙,而
与首篇慎终追远之意相类,吴说近是。

曾子有疾,召门弟子曰:"启予足!启予手!《诗》云:
'战战兢兢,如临深渊,如履薄冰。'而今而后,吾知免夫!
小子!"[1]

【朱子集注】

　　[1]夫,音扶。○启,开也。曾子平日以为身体受于父母,不敢毁
伤,故于此使弟子开其衾而视之。《诗·小旻》之篇。战战,恐惧。兢兢,
戒谨。临渊,恐坠;履冰,恐陷也。曾子以其所保之全示门人,而言其所
以保之难如此,至于将死,而后知其得免于毁伤也。小子,门人也。语
毕而又呼之,以致反复丁宁之意,其警之也深矣。○程子曰:"君子曰终,
小人曰死。君子保其身以没,为终其事也,故曾子以全归为免矣。"尹氏
曰:"父母全而生之,子全而归之。曾子临终而启手足,为是故也。非有
得于道,能如是乎?"范氏曰:"身体犹不可亏也,况亏其行以辱其亲乎?"

曾子有疾,孟敬子问之。[1]曾子言曰:"鸟之将死,其鸣
也哀;人之将死,其言也善。[2]君子所贵乎道者三:动容貌,
斯远暴慢矣;正颜色,斯近信矣;出辞气,斯远鄙倍矣。笾豆
之事,则有司存。"[3]

【朱子集注】

　　[1]孟敬子,鲁大夫仲孙氏,名捷。问之者,问其疾也。

　　[2]言,自言也。鸟畏死,故鸣哀。人穷反本,故言善。此曾子之谦

辞,欲敬子知其所言之善而识之也。

[3] 远、近,并去声。○贵,犹重也。容貌,举一身而言。暴,粗厉也。慢,放肆也。信,实也。正颜色而近信,则非色庄也。辞,言语。气,声气也。鄙,凡陋也。倍,与背同,谓背理也。笾,竹豆。豆,木豆。言道虽无所不在,然君子所重者,在此三事而已。是皆修身之要,为政之本,学者所当操存省察,而不可有造次颠沛之违者也。若夫笾豆之事,器数之末,道之全体固无不该,然其分则有司之守,而非君子之所重者。○程子曰:"动容貌,举一身而言也。周旋中礼,暴慢斯远矣。正颜色则不妄,斯近信矣。出辞气,正由中出,斯远鄙倍。三者正身而不外求,故曰笾豆之事则有司存。"尹氏曰:"养于中则见于外,曾子盖以修己为为政之本。若乃器用事物之细,则有司存焉。"

曾子曰:"以能问于不能,以多问于寡;有若无,实若虚,犯而不校,昔者吾友尝从事于斯矣。"[1]

【朱子集注】

[1] 校,计校也。友,马氏以为颜渊是也。颜子之心,惟知义理之无穷,不见物我之有间,故能如此。○谢氏曰:"不知有余在己,不足在人,不必得为在己,失为在人,非几于无我者不能也。"

曾子曰:"可以托六尺之孤,可以寄百里之命,临大节而不可夺也,君子人与? 君子人也。"[1]

【朱子集注】

[1] 与,平声。○其才可以辅幼君、摄国政,其节至于死生之际而不可夺,可谓君子矣。与,疑辞。也,决辞。设为问答,所以深著其必然也。○程子曰:"节操如是,可谓君子矣。"

曾子曰："士不可以不弘毅，任重而道远。[1]仁以为己任，不亦重乎？死而后已，不亦远乎？"[2]

【朱子集注】

[1] 弘，宽广也。毅，强忍也。非弘不能胜其重，非毅无以致其远。

[2] 仁者，人心之全德，而必欲以身体而力行之，可谓重矣。一息尚存，此志不容少懈，可谓远矣。〇程子曰："弘而不毅，则无规矩而难立；毅而不弘，则隘陋而无以居之。"又曰："弘大刚毅，然后能胜重任而远到。"

子曰："兴于诗，[1]立于礼，[2]成于乐。"[3]

【朱子集注】

[1] 兴，起也。诗本性情，有邪有正，其为言既易知，而吟咏之间，抑扬反覆，其感人又易入。故学者之初，所以兴起其好善恶恶之心，而不能自已者，必于是而得之。

[2] 礼以恭敬辞逊为本，而有节文度数之详，可以固人肌肤之会、筋骸之束。故学者之中，所以能卓然自立，而不为事物之所摇夺者，必于此而得之。

[3] 乐有五声十二律，更唱迭和，以为歌舞八音之节，可以养人之情性，而荡涤其邪秽，消融其查滓。故学者之终，所以至于义精仁熟而自和顺于道德者，必于此而得之，是学之成也。〇按《内则》，十年学幼仪，十三学乐诵《诗》，二十而后学礼。则此三者，非小学传授之次，乃大学终身所得之难易、先后、浅深也。程子曰："天下之英才不为少矣，特以道学不明，故不得有所成就。夫古人之诗，如今之歌曲，虽闾里童稚，皆习闻之而知其说，故能兴起。今虽老师宿儒，尚不能晓其义，况学者乎？是不得兴于诗也。古人自洒扫应对，以至冠昏丧祭，莫不有礼。今皆废坏，是以

人伦不明,治家无法,是不得立于礼也。古人之乐,声音所以养其耳,采色所以养其目,歌咏所以养其性情,舞蹈所以养其血脉。今皆无之,是不得成于乐也。是以古之成材也易,今之成材也难。"

子曰:"民可使由之,不可使知之。"[1]

【朱子集注】

[1] 民可使之由于是理之当然,而不能使之知其所以然也。○程子曰:"圣人设教,非不欲人家喻而户晓也,然不能使之知,但能使之由之尔。若曰圣人不使民知,则是后世朝四暮三之术也,岂圣人之心乎?"

子曰:"好勇疾贫,乱也。人而不仁,疾之已甚,乱也。"[1]

【朱子集注】

[1] 好,去声。○好勇而不安分,则必作乱。恶不仁之人而使之无所容,则必致乱。二者之心,善恶虽殊,然其生乱则一也。

子曰:"如有周公之才之美,使骄且吝,其余不足观也已。"[1]

【朱子集注】

[1] 才美,谓智能技艺之美。骄,矜夸。吝,鄙啬也。○程子曰:"此甚言骄吝之不可也。盖有周公之德,则自无骄吝;若但有周公之才而骄吝焉,亦不足观矣。"又曰:"骄,气盈。吝,气歉。"愚谓骄吝虽有盈歉之殊,然其势常相因。盖骄者吝之枝叶,吝者骄之本根。故尝验之天下之

人，未有骄而不吝，吝而不骄者也。

子曰："三年学，不至于谷，不易得也。"[1]

【朱子集注】

[1] 易，去声。○谷，禄也。至，疑当作志。为学之久而不求禄，如此之人，不易得也。○杨氏曰："虽子张之贤，犹以干禄为问，况其下者乎？然则三年学而不至于谷，宜不易得也。"

子曰："笃信好学，守死善道。[1]危邦不入，乱邦不居。天下有道则见，无道则隐。[2]邦有道，贫且贱焉，耻也；邦无道，富且贵焉，耻也。"[3]

【朱子集注】

[1] 好，去声。○笃，厚而力也。不笃信，则不能好学；然笃信而不好学，则所信或非其正。不守死，则不能以善其道；然守死而不足以善其道，则亦徒死而已。盖守死者笃信之效，善道者好学之功。

[2] 见，贤遍反。○君子见危授命，则仕危邦者无可去之义，在外则不入可也。乱邦未危，而刑政纪纲紊矣，故洁其身而去之。天下，举一世而言。无道，则隐其身而不见也。此惟笃信好学、守死善道者能之。

[3] 世治而无可行之道，世乱而无能守之节，碌碌庸人，不足以为士矣，可耻之甚也。○晁氏曰："有学有守，而去就之义洁，出处之分明，然后为君子之全德也。"

子曰："不在其位，不谋其政。"[1]

【朱子集注】

[1] 程子曰:"不在其位,则不任其事也。若君大夫问而告者,则有矣。"

子曰:"师挚之始,《关雎》之乱,洋洋乎! 盈耳哉。"[1]

【朱子集注】

[1] 挚,音至。雎,七余反。○师挚,鲁乐师,名挚也。乱,乐之卒章也。《史记》曰:"《关雎》之乱以为《风》始。"洋洋,美盛意。孔子自卫反鲁而正乐,适师挚在官之初,故乐之美盛如此。

子曰:"狂而不直,侗而不愿,悾悾而不信,吾不知之矣。"[1]

【朱子集注】

[1] 侗,音通。悾,音空。○侗,无知貌。愿,谨厚也。悾悾,无能貌。吾不知之者,甚绝之之辞,亦不屑之教诲也。○苏氏曰:"天之生物,气质不齐。其中材以下,有是德则有是病,有是病必有是德,故马之蹄啮者必善走,其不善者必驯。有是病而无是德,则天下之弃才也。"

子曰:"学如不及,犹恐失之。"[1]

【朱子集注】

[1] 言人之为学,既如有所不及矣,而其心犹竦然,惟恐其或失之,警学者当如是也。○程子曰:"学如不及,犹恐失之,不得放过。才说姑待明日,便不可也。"

子曰："巍巍乎！舜、禹之有天下也，而不与焉。"[1]

【朱子集注】

[1] 与，去声。○巍巍，高大之貌。不与，犹言不相关，言其不以位为乐也。

子曰："大哉尧之为君也！巍巍乎！唯天为大，唯尧则之。荡荡乎！民无能名焉。[1]巍巍乎其有成功也！焕乎其有文章！"[2]

【朱子集注】

[1] 唯，犹独也。则，犹准也。荡荡，广远之称也。言物之高大，莫有过于天者，而独尧之德能与之准。故其德之广远，亦如天之不可以言语形容也。

[2] 成功，事业也。焕，光明之貌。文章，礼乐法度也。尧之德不可名，其可见者此尔。○尹氏曰："天道之大，无为而成。唯尧则之以治天下，故民无得而名焉。所可名者，其功业文章巍然焕然而已。"

舜有臣五人而天下治。[1]武王曰："予有乱臣十人。"[2]孔子曰："才难，不其然乎？唐、虞之际，于斯为盛。有妇人焉，九人而已。[3]三分天下有其二，以服事殷。周之德，其可谓至德也已矣。"[4]

【朱子集注】

[1] 治，去声。○五人，禹、稷、契、皋陶、伯益。

[2]《书·泰誓》之辞。○马氏曰："乱，治也。"十人，谓周公旦、召公

奭、太公望、毕公、荣公、太颠、闳夭、散宜生、南宫适，其一人谓文母。刘侍读以为子无臣母之义，盖邑姜也。九人治外，邑姜治内。或曰："乱本作乿，古治字也。"

[3]称孔子者，上系武王君臣之际，记者谨之。才难，盖古语，而孔子然之也。才者，德之用也。唐、虞、尧、舜有天下之号。际，交会之间。言周室人才之多，惟唐、虞之际，乃盛于此。降自夏、商，皆不能及，然犹但有此数人尔，是才之难得也。

[4]《春秋传》曰：文王率商之畔国以事纣。盖天下归文王者六州，荆、梁、雍、豫、徐、扬也。惟青、兖、冀，尚属纣耳。范氏曰："文王之德，足以代商。天与之，人归之，乃不取而服事焉，所以为至德也。孔子因武王之言而及文王之德，且与泰伯，皆以至德称之，其指微矣。"或曰："宜断三分以下，别以孔子曰起之，而自为一章。"

子曰："禹，吾无间然矣。菲饮食，而致孝乎鬼神；恶衣服，而致美乎黻冕；卑宫室，而尽力乎沟洫。禹，吾无间然矣。"[1]

【朱子集注】

[1]间，去声。菲，音匪。黻，音弗。洫，呼域反。间，罅隙也，谓指其罅隙而非议之也。菲，薄也。致孝鬼神，谓享祀丰洁。衣服，常服。黻，蔽膝也，以韦为之。冕，冠也。皆祭服也。沟洫，田间水道，以正疆界、备旱潦者也。或丰或俭，各适其宜，所以无罅隙之可议也，故再言以深美之。○杨氏曰："薄于自奉，而所勤者民之事，所致饰者宗庙朝廷之礼，所谓有天下而不与也，夫何间然之有？"

子罕第九

　　子罕言利与命与仁。[1]

【朱子集注】

　　[1] 罕，少也。○程子曰："计利则害义，命之理微，仁之道大，皆夫子所罕言也。"

　　达巷党人曰："大哉孔子！博学而无所成名。"[1]子闻之，谓门弟子曰："吾何执？执御乎？执射乎？吾执御矣。"[2]

【朱子集注】

　　[1] 达巷，党名。其人姓名不传。博学无所成名，盖美其学之博而惜其不成一艺之名也。

　　[2] 执，专执也。射、御皆一艺，而御为人仆，所执尤卑。言欲使我何所执以成名乎？然则吾将执御矣。闻人誉己，承之以谦也。○尹氏曰："圣人道全而德备，不可以偏长目之也。达巷党人见孔子之大，意其所学者博，而惜其不以一善得名于世，盖慕圣人而不知者也。故孔子曰，欲使我何所执而得为名乎？然则吾将执御矣。"

　　子曰："麻冕，礼也；今也纯，俭。吾从众。"[1]拜下，礼也；

今拜乎上,泰也。虽违众,吾从下。"[2]

【朱子集注】

[1] 麻冕,缁布冠也。纯,丝也。俭,谓省约。缁布冠,以三十升布为之,升八十缕,则其经二千四百缕矣。细密难成,不如用丝之省约。

[2] 臣与君行礼,当拜于堂下。君辞之,乃升成拜。泰,骄慢也。○程子曰:"君子处世,事之无害于义者,从俗可也;害于义,则不可从也。"

子绝四:毋意,毋必,毋固,毋我。[1]

【朱子集注】

[1] 绝,无之尽者。毋,《史记》作无,是也。意,私意也。必,期必也。固,执滞也。我,私己也。四者相为终始,起于意,遂于必,留于固,而成于我也。盖意、必常在事前,固、我常在事后,至于我又生意,则物欲牵引,循环不穷矣。○程子曰:"此毋字,非禁止之辞。圣人绝此四者,何用禁止?"张子曰:"四者有一焉,则与天地不相似。"○杨氏曰:"非知足以知圣人,详视而默识之,不足以记此。"

子畏于匡,[1]曰:"文王既没,文不在兹乎?[2]天之将丧斯文也,后死者不得与于斯文也;天之未丧斯文也,匡人其如予何?"[3]

【朱子集注】

[1] 畏者,有戒心之谓。匡,地名。《史记》云:"阳虎曾暴于匡,夫子貌似阳虎,故匡人围之。"

[2] 道之显者谓之文,盖礼乐制度之谓。不曰道而曰文,亦谦辞也。

兹,此也,孔子自谓。

[3] 丧,与,皆去声。○马氏曰:"文王既没,故孔子自谓后死者。言天若欲丧此文,则必不使我得与于此文。今我既得与于此文,则是天未欲丧此文也。天既未欲丧此文,则匡人其奈我何? 言必不能违天害己也。"

大宰问于子贡曰:"夫子圣者与? 何其多能也?"[1]子贡曰:"固天纵之将圣,又多能也。"[2]子闻之,曰:"大宰知我乎! 吾少也贱,故多能鄙事。君子多乎哉? 不多也。"[3]牢曰:"子云,'吾不试,故艺'。"[4]

【朱子集注】

[1] 大,音泰。与,平声。○孔氏曰:"大宰,官名。或吴或宋,未可知也。"与者,疑辞。大宰盖以多能为圣也。

[2] 纵,犹肆也,言不为限量也。将,殆也,谦若不敢知之辞。圣无不通,多能乃其余事,故言又以兼之。

[3] 言由少贱故多能,而所能者鄙事尔,非以圣而无不通也。且多能非所以率人,故又言君子不必多能以晓之。

[4] 牢,孔子弟子,姓琴,字子开,一字子张。试,用也。言由不为世用,故得以习于艺而通之。○吴氏曰:"弟子记夫子此言之时,子牢因言昔之所闻有如此者,其意相近,故并记之。"

子曰:"吾有知乎哉? 无知也。有鄙夫问于我,空空如也,我叩其两端而竭焉。"[1]

【朱子集注】

[1] 叩,音口。○孔子谦言己无知识,但其告人,虽于至愚,不敢不

尽耳。叩，发动也。两端，犹言两头。言终始本末上下精粗，无所不尽。
○程子曰："圣人之教人，俯就之若此，犹恐众人以为高远而不亲也。圣
人之道，必降而自卑，不如此则人不亲。贤人之言，则引而自高，不如此
则道不尊。观于孔子、孟子，则可见矣。"尹氏曰："圣人之言，上下兼尽。
即其近，众人皆可与知；极其至，则虽圣人亦无以加焉，是之谓两端。如
答樊迟之问仁智，两端竭尽，无余蕴矣。若夫语上而遗下，语理而遗物，
则岂圣人之言哉？"

子曰："凤鸟不至，河不出图，吾已矣夫！"[1]

【朱子集注】

[1] 夫，音扶。○凤，灵鸟，舜时来仪，文王时鸣于岐山。河图，河中
龙马负图，伏羲时出，皆圣王之瑞也。已，止也。○张子曰："凤至图出，
文明之祥。伏羲、舜、文之瑞不至，则夫子之文章，知其已矣。"

子见齐衰者、冕衣裳者与瞽者，见之，虽少必作；过之，
必趋。[1]

【朱子集注】

[1] 齐，音咨。衰，七雷反。少，去声。○齐衰，丧服。冕，冠也。
衣，上服。裳，下服。冕而衣裳，贵者之盛服也。瞽，无目者。作，起也。
趋，疾行也。或曰："少，当作坐。"○范氏曰："圣人之心，哀有丧，尊有爵，
矜不成人。其作与趋，盖有不期然而然者。"尹氏曰："此圣人之诚心，内
外一者也。"

颜渊喟然叹曰："仰之弥高，钻之弥坚。瞻之在前，忽焉
在后。[1]夫子循循然善诱人，博我以文，约我以礼。[2]欲罢不

能，既竭吾才，如有所立卓尔。虽欲从之，末由也已。"[3]

【朱子集注】

[1]喟，苦位反。钻，祖官反。○喟，叹声。仰弥高，不可及。钻弥坚，不可入。在前在后，恍惚不可为象。此颜渊深知夫子之道无穷尽、无方体，而叹之也。

[2]循循，有次序貌。诱，引进也。博文、约礼，教之序也。言夫子道虽高妙，而教人有序也。侯氏曰："博我以文，致知格物也。约我以礼，克己复礼也。"程子曰："此颜子称圣人最切当处，圣人教人，惟此二事而已。"

[3]卓，立貌。末，无也。此颜子自言其学之所至也。盖悦之深而力之尽，所见益亲，而又无所用其力也。吴氏曰："所谓卓尔，亦在乎日用行事之间，非所谓窈冥昏默者。"程子曰："到此地位，功夫尤难，直是峻绝，又大段着力不得。"杨氏曰："自可欲之谓善，充而至于大，力行之积也。大而化之，则非力行所及矣，此颜子所以未达一间也。"○程子曰："此颜子所以为深知孔子而善学之者也。"胡氏曰："无上事而喟然叹，此颜子学既有得，故述其先难之故、后得之由，而归功于圣人也。高、坚、前、后，语道体也。仰、钻、瞻、忽，未领其要也。惟夫子循循善诱，先博我以文，使我知古今、达事变；然后约我以礼，使我尊所闻，行所知。如行者之赴家，食者之求饱，是以欲罢而不能，尽心尽力，不少休废。然后见夫子所立之卓然，虽欲从之，末由也已。是盖不怠所从，必欲至乎卓立之地也。抑斯叹也，其在请事斯语之后，三月不违之时乎？"

子疾病，子路使门人为臣。[1]病间，曰："久矣哉，由之行诈也！无臣而为有臣。吾谁欺？欺天乎？[2]且予与其死于臣之手也，无宁死于二三子之手乎！且予纵不得大葬，予死于道路乎？"[3]

【朱子集注】

[1] 夫子时已去位，无家臣。子路欲以家臣治其丧，其意实尊圣人，而未知所以尊也。

[2] 间，如字。○病间，少差也。病时不知，既差乃知其事，故言我之不当有家臣，人皆知之，不可欺也。而为有臣，则是欺天而已。人而欺天，莫大之罪。引以自归，其责子路深矣。

[3] 无宁，宁也。大葬，谓君臣礼葬。死于道路，谓弃而不葬。又晓之以不必然之故。○范氏曰：“曾子将死，起而易箦，曰：‘吾得正而毙焉，斯已矣。’子路欲尊夫子，而不知无臣之不可为有臣，是以陷于行诈，罪至欺天。君子之于言动，虽微不可不谨。夫子深惩子路，所以警学者也。”杨氏曰：“非知至而意诚，则用智自私，不知行其所无事，往往自陷于行诈欺天而莫之知也。其子路之谓乎？”

子贡曰：“有美玉于斯，韫匵而藏诸？求善贾而沽诸？”子曰：“沽之哉！沽之哉！我待贾者也。”[1]

【朱子集注】

[1] 韫，纡粉反。匵，徒木反。贾，音嫁。○韫，藏也。匵，匮也。沽，卖也。子贡以孔子有道不仕，故设此二端以问也。孔子言固当卖之，但当待贾，而不当求之耳。○范氏曰：“君子未尝不欲仕也，又恶不由其道。士之待礼，犹玉之待贾也。若伊尹之耕于野，伯夷、太公之居于海滨，世无成汤、文王，则终焉而已，必不枉道以从人，衒玉而求售也。”

子欲居九夷。[1] 或曰：“陋，如之何？”子曰：“君子居之，何陋之有！”[2]

【朱子集注】

[1] 东方之夷有九种。欲居之者,亦乘桴浮海之意。

[2] 君子所居则化,何陋之有?

子曰:"吾自卫反鲁,然后乐正,《雅》、《颂》各得其所。"[1]

【朱子集注】

[1] 鲁哀公十一年冬,孔子自卫反鲁。是时周礼在鲁,然《诗》、乐亦颇残缺失次。孔子周流四方,参互考订,以知其说。晚知道终不行,故归而正之。

子曰:"出则事公卿,入则事父兄,丧事不敢不勉,不为酒困,何有于我哉?"[1]

【朱子集注】

[1] 说见第七篇,然此则其事愈卑而意愈切矣。

子在川上,曰:"逝者如斯夫! 不舍昼夜。"[1]

【朱子集注】

[1] 夫,音扶。舍,上声。○天地之化,往者过,来者续,无一息之停,乃道体之本然也。然其可指而易见者,莫如川流。故于此发以示人,欲学者时时省察,而无毫发之间断也。○程子曰:"此道体也。天运而不已,日往则月来,寒往则暑来,水流而不息,物生而不穷,皆与道为体,运乎昼夜,未尝已也。是以君子法之,自强不息。及其至也,纯亦不已焉。"

又曰："自汉以来,儒者皆不识此义。此见圣人之心,纯亦不已也。纯亦不已,乃天德也。有天德,便可语王道,其要只在谨独。"愚按:自此至篇终,皆勉人进学不已之辞。

子曰:"吾未见好德如好色者也。"[1]

【朱子集注】

[1]好,去声。○谢氏曰:"好好色,恶恶臭,诚也。好德如好色,斯诚好德矣,然民鲜能之。"○《史记》:"孔子居卫,灵公与夫人同车,使孔子为次乘,招摇市过之。"孔子丑之,故有是言。

子曰:"譬如为山,未成一篑,止,吾止也。譬如平地,虽覆一篑,进,吾往也。"[1]

【朱子集注】

[1]篑,求位反。覆,芳服反。○篑,土笼也。《书》曰:"为山九仞,功亏一篑。"夫子之言,盖出于此。言山成而但少一篑,其止者,吾自止耳。平地而方覆一篑,其进者,吾自往耳。盖学者自强不息,则积少成多;中道而止,则前功尽弃。其止其往,皆在我而不在人也。

子曰:"语之而不惰者,其回也与!"[1]

【朱子集注】

[1]语,去声。与,平声。○惰,懈怠也。范氏曰:"颜子闻夫子之言,而心解力行,造次颠沛,未尝违之。如万物得时雨之润,发荣滋长,何有于惰? 此群弟子所不及也。"

子谓颜渊,曰:"惜乎! 吾见其进也,未见其止也。"[1]

【朱子集注】

[1] "进""止"二字,说见上章。颜子既死而孔子惜之,言其方进而未已也。

子曰:"苗而不秀者有矣夫! 秀而不实者有矣夫!"[1]

【朱子集注】

[1] 夫,音扶。○谷之始生曰苗,吐华曰秀,成谷曰实。盖学而不至于成,有如此者,是以君子贵自勉也。

子曰:"后生可畏,焉知来者之不如今也? 四十、五十而无闻焉,斯亦不足畏也已。"[1]

【朱子集注】

[1] 焉知之焉,於虔反。○孔子言后生年富力强,足以积学而有待,其势可畏,安知其将来不如我之今日乎? 然或不能自勉,至于老而无闻,则不足畏矣。言此以警人,使及时勉学也。曾子曰:"五十而不以善闻,则不闻矣。"盖述此意。○尹氏曰:"少而不勉,老而无闻,则亦已矣。自少而进者,安知其不至于极乎? 是可畏也。"

子曰:"法语之言,能无从乎? 改之为贵。巽与之言,能无说乎? 绎之为贵。说而不绎,从而不改,吾末如之何也已矣。"[1]

【朱子集注】

[1] 法语者，正言之也。巽言者，婉而导之也。绎，寻其绪也。法言人所敬惮，故必从；然不改，则面从而已。巽言无所乖忤，故必说；然不绎，则又不足以知其微意之所在也。○杨氏曰："法言，若孟子论行王政之类是也。巽言，若其论好货、好色之类是也。语之而未达，拒之而不受，犹之可也。其或喻焉，则尚庶几其能改、绎矣。从且说矣，而不改、绎焉，则是终不改、绎也已，虽圣人其如之何哉？"

子曰："主忠信，毋友不如己者，过则勿惮改。"[1]

【朱子集注】

[1] 重出而逸其半。

子曰："三军可夺帅也，匹夫不可夺志也。"[1]

【朱子集注】

[1] 侯氏曰："三军之勇在人，匹夫之志在己。故帅可夺而志不可夺，如可夺，则亦不足谓之志矣。"

子曰："衣敝缊袍，与衣狐貉者立，而不耻者，其由也与？[1] '不忮不求，何用不臧？'"[2] 子路终身诵之。子曰："是道也，何足以臧？"[3]

【朱子集注】

[1] 衣，去声。缊，纡粉反。貉，胡各反。与，平声。○敝，坏也。缊，枲著也。袍，衣有著者也，盖衣之贱者。狐貉，以狐貉之皮为裘，衣之

贵者。子路之志如此,则能不以贫富动其心,而可以进于道矣,故夫子称之。

[2]忮,之豉反。○忮,害也。求,贪也。臧,善也。言能不忮不求,则何为不善乎?此《卫风·雄雉》之诗,孔子引之,以美子路也。吕氏曰:"贫与富交,强者必忮,弱者必求。"

[3]终身诵之,则自喜其能,而不复求进于道矣,故夫子复言此以警之。○谢氏曰:"耻恶衣恶食,学者之大病。善心不存,盖由于此。子路之志如此,其过人远矣。然以众人而能此,则可以为善矣。子路之贤,宜不止此,而终身诵之,则非所以进于日新也,故激而进之。"

子曰:"岁寒,然后知松柏之后凋也。"[1]

【朱子集注】

[1]范氏曰:"小人之在治世,或与君子无异。惟临利害,遇事变,然后君子之所守可见也。"○谢氏曰:"士穷见节义,世乱识忠臣。欲学者必周于德。"

子曰:"知者不惑,仁者不忧,勇者不惧。"[1]

【朱子集注】

[1]明足以烛理,故不惑。理足以胜私,故不忧。气足以配道义,故不惧。此学之序也。

子曰:"可与共学,未可与适道;可与适道,未可与立;可与立,未可与权。"[1]

【朱子集注】

[1]可与者,言其可与共为此事也。程子曰:"可与共学,知所以求之也。可与适道,知所往也。可与立者,笃志固执而不变也。权,称锤也,所以称物而知轻重者也。可与权,谓能权轻重,使合义也。"○杨氏曰:"知为己,则可与共学矣。学足以明善,然后可与适道。信道笃,然后可与立。知时措之宜,然后可与权。"洪氏曰:"《易》九卦,终于《巽》以行权。权者,圣人之大用。未能立而言权,犹人未能立而欲行,鲜不仆矣。"程子曰:"汉儒以反经合道为权,故有权变、权术之论,皆非也。权只是经也。自汉以下,无人识权字。"愚按:先儒误以此章连下文偏其反而为一章,故有反经合道之说。程子非之,是矣。然以《孟子》嫂溺,援之以手之义推之,则权与经,亦当有辨。

"唐棣之华,偏其反而。岂不尔思?室是远而。"[1]子曰:"未之思也,夫何远之有?"[2]

【朱子集注】

[1]棣,大计反。○唐棣,郁李也。偏,《晋书》作翩。然则反亦当与翻同,言华之摇动也。而,语助也。此逸诗也,于六义属兴。上两句无意义,但以起下两句之辞耳。其所谓尔,亦不知其何所指也。

[2]夫,音扶。○夫子借其言而反之,盖前篇仁远乎哉之意。○程子曰:"圣人未尝言易以骄人之志,亦未尝言难以阻人之进。但曰未之思也,夫何远之有?此言极有涵蓄,意思深远。"

乡党第十

孔子于乡党，恂恂如也，似不能言者。[1]

【朱子集注】

[1] 恂，相伦反。○恂恂，信实之貌。似不能言者，谦卑逊顺，不以贤知先人也。乡党，父兄宗族之所在，故孔子居之，其容貌辞气如此。

其在宗庙朝廷，便便言，唯谨尔。[1]

【朱子集注】

[1] 朝，直遥反，下同。便，旁连反。○便便，辩也。宗庙，礼法之所在；朝廷，政事之所出，言不可以不明辨。故必详问而极言之，但谨而不放尔。○此一节，记孔子在乡党、宗庙、朝廷言貌之不同。

朝，与下大夫言，侃侃如也；与上大夫言，訚訚如也。[1]
君在，踧踖如也，与与如也。[2]

【朱子集注】

[1] 侃，苦旦反。訚，鱼巾反。○此君未视朝时也。《王制》：诸侯上大夫卿，下大夫五人。许氏《说文》："侃侃，刚直也。訚訚，和悦而诤也。"

[2] 踧，子六反。踖，子亦反。与，平声，或如字。○君在，视朝也。踧踖，恭敬不宁之貌。与与，威仪中适之貌。张子曰："与与，不忘向君也。"亦通。○此一节，记孔子在朝廷事上接下之不同也。

117

君召使摈，色勃如也，足躩如也。[1] 揖所与立，左右手，衣前后，襜如也。[2] 趋进，翼如也。[3] 宾退，必复命曰："宾不顾矣。"[4]

【朱子集注】

[1] 摈，必刃反。躩，驱若反。○摈，主国之君所使出接宾者。勃，变色貌。躩，盘辟貌。皆敬君命故也。

[2] 襜，亦占反。○所与立，谓同为摈者也。摈用命数之半，如上公九命，则用五人，以次传命。揖左人，则左其手；揖右人，则右其手。襜，整貌。

[3] 疾趋而进，张拱端好，如鸟舒翼。

[4] 纾君敬也。○此一节，记孔子为君摈相之容。

入公门，鞠躬如也，如不容。[1] 立不中门，行不履阈。[2] 过位，色勃如也，足躩如也，其言似不足者。[3] 摄齐升堂，鞠躬如也，屏气似不息者。[4] 出，降一等，逞颜色，怡怡如也。没阶，趋，翼如也。复其位，踧踖如也。[5]

【朱子集注】

[1] 鞠躬，曲身也。公门高大而若不容，敬之至也。

[2] 阈，于逼反。○中门，中于门也。谓当枨闑之间，君出入处也。阈，门限也。礼：士大夫出入君门，由闑右，不践阈。谢氏曰："立中门则当尊，行履阈则不恪。"

[3] 位，君之虚位。谓门屏之间，人君宁立之处，所谓宁也。君虽不在，过之必敬，不敢以虚位而慢之也。言似不足，不敢肆也。

[4] 齐，音咨。○摄，抠也。齐，衣下缝也。礼：将升堂，两手抠衣，

使去地尺,恐蹑之而倾跌失容也。屏,藏也。息,鼻息出入者也。近至尊,气容肃也。

[5]陆氏曰:"趋下本无进字,俗本有之,误也。"○等,阶之级也。逞,放也。渐远所尊,舒气解颜。怡怡,和说也。没阶,下尽阶也。趋,走就位也。复位踧踖,敬之余也。○此一节,记孔子在朝之容。

执圭,鞠躬如也,如不胜。上如揖,下如授。勃如战色,足蹜蹜,如有循。[1]享礼,有容色。[2]私觌,愉愉如也。[3]

【朱子集注】

[1]胜,平声。蹜,色六反。○圭,诸侯命圭。聘问邻国,则使大夫执以通信。如不胜,执主器,执轻如不克,敬谨之至也。上如揖,下如授,谓执圭平衡,手与心齐,高不过揖,卑不过授也。战色,战而色惧也。蹜蹜,举足促狭也。如有循,《记》所谓举前曳踵,言行不离地,如缘物也。

[2]享,献也。既聘而享,用圭璧,有庭实。有容色,和也。《仪礼》曰:"发气满容。"

[3]私觌,以私礼见也。愉愉,则又和矣。○此一节,记孔子为君聘于邻国之礼也。晁氏曰:"孔子定公九年仕鲁,至十三年适齐,其间绝无朝聘往来之事。疑使摈、执圭两条,但孔子尝言其礼当如此尔。"

君子不以绀緅饰。[1]红紫不以为亵服。[2]当暑,袗絺绤,必表而出之。[3]缁衣,羔裘;素衣,麑裘;黄衣,狐裘。[4]亵裘长,短右袂。[5]必有寝衣,长一身有半。[6]狐貉之厚以居。[7]去丧,无所不佩。[8]非帷裳,必杀之。[9]羔裘玄冠不以弔。[10]吉月,必朝服而朝。[11]

【朱子集注】

[1]绀,古暗反。緅,侧由反。○君子,谓孔子。绀,深青扬赤色,齐服也。緅,绛色。三年之丧,以饰练服也。饰,领缘也。

[2]红紫,间色不正,且近于妇人女子之服也。亵服,私居服也。言此,则不以为朝祭之服可知。

[3]袗,单也。葛之精者曰絺,粗者曰绤。表而出之,谓先着里衣,表絺绤而出之于外,欲其不见体也。《诗》所谓"蒙彼绉絺"是也。

[4]麑,研奚反。○缁,黑色。羔裘,用黑羊皮。麑,鹿子,色白。狐,色黄。衣以裼裘,欲其相称。

[5]长,欲其温。短右袂,所以便作事。

[6]长,去声。○齐主于敬,不可解衣而寝,又不可著明衣而寝,故别有寝衣,其半盖以覆足。程子曰:"此错简,当在'齐,必有明衣,布'之下。"愚谓如此则此条与明衣、变食既得以类相从,而亵裘、狐貉亦得以类相从矣。

[7]狐貉,毛深温厚,私居取其适体。

[8]去,上声。○君子无故,玉不去身。觿砺之属,亦皆佩也。

[9]杀,去声。○朝祭之服,裳用正幅如帷,要有襞积,而旁无杀缝。其余若深衣,要半下,齐倍要,则无襞积而有杀缝矣。

[10]丧主素,吉主玄。弔必变服,所以哀死。

[11]吉月,月朔也。孔子在鲁致仕时如此。○此一节,记孔子衣服之制。苏氏曰:"此孔氏遗书,杂记曲礼,非特孔子事也。"

齐,必有明衣,布。[1]齐,必变食,居必迁坐。[2]

【朱子集注】

[1]齐,侧皆反。○齐,必沐浴,浴竟,即着明衣,所以明洁其体也,以布为之。此下脱前章"寝衣"一简。

[2]变食,谓不饮酒,不茹荤。迁坐,易常处之。○此一节,记孔子

谨齐之事。杨氏曰:"齐所以交神,故致洁变常以尽敬。"

　食不厌精,脍不厌细。[1]食饐而餲,鱼馁而肉败,不食。色恶,不食。臭恶,不食。失饪,不食。不时,不食。[2]割不正,不食。不得其酱,不食。[3]肉虽多,不使胜食气。惟酒无量,不及乱。[4]沽酒市脯,不食。[5]不撤姜食。[6]不多食。[7]祭于公,不宿肉。祭肉不出三日。出三日,不食之矣。[8]食不语,寝不言。[9]虽疏食菜羹,瓜祭,必齐如也。[10]

【朱子集注】

　[1]食,音嗣。○食,饭也。精,凿也。牛羊与鱼之腥,聂而切之为脍。食精则能养人,脍粗则能害人。不厌,言以是为善,非谓必欲如是也。

　[2]食饐之食,音嗣。饐,於冀反。餲,乌迈反。饪,而甚反。○饐,饭伤热湿也。餲,味变也。鱼烂曰馁。肉腐曰败。色恶、臭恶,未败而色、臭变也。饪,烹调生熟之节也。不时,五谷不成,果实未熟之类。此数者皆足以伤人,故不食。

　[3]割肉不方正者不食,造次不离于正也。汉陆续之母,切肉未尝不方,断葱以寸为度,盖其质美,与此暗合也。食肉用酱,各有所宜,不得则不食,恶其不备也。此二者,无害于人,但不以嗜味而苟食耳。

　[4]食,音嗣。量,去声。○食以谷为主,故不使肉胜食气。酒以为人合欢,故不为量,但以醉为节而不及乱耳。程子曰:"不及乱者,非唯不使乱志,虽血气亦不可使乱,但浃洽而已可也。"

　[5]沽、市,皆买也。恐不精洁,或伤人也。与不尝康子之药同意。

　[6]姜,通神明,去秽恶,故不撤。

　[7]适可而止,无贪心也。

　[8]助祭于公,所得胙肉,归即颁赐。不俟经宿者,不留神惠也。家

之祭肉,则不过三日,皆以分赐。盖过三日,则肉必败,而人不食之,是亵鬼神之余也。但比君所赐胙,可少缓耳。

[9] 答述曰语。自言曰言。范氏曰:"圣人存心不他,当食而食,当寝而寝,言语非其时也。"杨氏曰:"肺为气主而声出焉,寝食则气窒而不通,语言恐伤之也。"亦通。

[10] 食,音嗣。陆氏曰:"《鲁论》瓜作必。"○古人饮食,每种各出少许,置之豆间之地,以祭先代始为饮食之人,不忘本也。齐,严敬貌。孔子虽薄物必祭,其祭必敬,圣人之诚也。○此一节,记孔子饮食之节。谢氏曰:"圣人饮食如此,非极口腹之欲,盖养气、体,不以伤生,当如此。然圣人之所不食,穷口腹者或反食之,欲心胜而不暇择也。"

席不正,不坐。[1]

【朱子集注】

[1] 谢氏曰:"圣人心安于正,故于位之不正者,虽小不处。"

乡人饮酒,杖者出,斯出矣。[1]乡人傩,朝服而立于阼阶。[2]

【朱子集注】

[1] 杖者,老人也。六十杖于乡,未出不敢先,既出不敢后。

[2] 傩,乃多反。○傩,所以逐疫,《周礼》方相氏掌之。阼阶,东阶也。傩虽古礼而近于戏,亦必朝服而临之者,无所不用其诚敬也。或曰:"恐其惊先祖五祀之神,欲其依己而安也。"○此一节,记孔子居乡之事。

问人于他邦,再拜而送之。[1]康子馈药,拜而受之。曰:"丘未达,不敢尝。"[2]

【朱子集注】

　　[1] 拜送使者,如亲见之,敬也。

　　[2] 范氏曰:"凡赐食,必尝以拜。药未达,则不敢尝。受而不饮,则虚人之赐,故告之如此。然则可饮而饮,不可饮而不饮,皆在其中矣。"杨氏曰:"大夫有赐,拜而受之,礼也。未达不敢尝,谨疾也。必告之,直也。"○此一节,记孔子与人交之诚意。

　　厩焚。子退朝,曰:"伤人乎?"不问马。[1]

【朱子集注】

　　[1] 非不爱马,然恐伤人之意多,故未暇问。盖贵人贱畜,理当如此。

　　君赐食,必正席先尝之;君赐腥,必熟而荐之;君赐生,必畜之。[1] 侍食于君,君祭,先饭。[2] 疾,君视之,东首,加朝服,拖绅。[3] 君命召,不俟驾行矣。[4]

【朱子集注】

　　[1] 食恐或馂余,故不以荐。正席先尝,如对君也。言先尝,则余当以颁赐矣。腥,生肉。熟而荐之祖考,荣君赐也。畜之者,仁君之惠,无故不敢杀也。

　　[2] 饭,扶晚反。○《周礼》:"王日一举,膳夫授祭品尝食,王乃食。"故侍食者,君祭,则己不祭而先饭,若为君尝食然,不敢当客礼也。

　　[3] 首,去声。拖,徒我反。○东首,以受生气也。病卧不能着衣束带,又不可以亵服见君,故加朝服于身,又引大带于上也。

　　[4] 急趋君命,行出而驾车随之。○此一节,记孔子事君之礼。

入太庙,每事问。[1]

【朱子集注】

[1] 重出。

朋友死,无所归,曰:"于我殡。"[1]朋友之馈,虽车马,非祭肉,不拜。[2]

【朱子集注】

[1] 朋友以义合,死无所归,不得不殡。

[2] 朋友有通财之义,故虽车马之重,不拜。祭肉则拜者,敬其祖考,同于己亲也。○此一节,记孔子交朋友之义。

寝不尸,居不容。[1]见齐衰者,虽狎,必变。见冕者与瞽者,虽亵,必以貌。[2]凶服者,式之。式负版者。[3]有盛馔,必变色而作。[4]迅雷风烈,必变。[5]升车,必正立执绥。[6]车中,不内顾,不疾言,不亲指。[7]

【朱子集注】

[1] 尸,谓偃卧似死人也。居,居家。容,容仪。范氏曰:"寝不尸,非恶其类于死也。惰慢之气不设于身体,虽舒布其四体,而亦未尝肆耳。居不容,非惰也。但不若奉祭祀、见宾客而已。申申、夭夭是也。"

[2] 狎,谓素亲狎。亵,谓燕见。貌,谓礼貌。馀见前篇。

[3] 式,车前横木。有所敬,则俯而凭之。负版,持邦国图籍者。式此二者,哀有丧,重民数也。人惟万物之灵,而王者之所天也,故《周礼》"献民数于王,王拜受之"。况其下者,敢不敬乎?

[4] 敬主人之礼，非以其馔也。

[5] 迅，疾也。烈，猛也。必变者，所以敬天之怒。《记》曰："若有疾风、迅雷、甚雨则必变，虽夜必兴，衣服冠而坐。"〇此一节，记孔子容貌之变。

[6] 绥，挽以上车之索也。范氏曰："正立执绥，则心体无不正，而诚意肃恭矣。盖君子庄敬无所不在，升车则见于此也。"

[7] 内顾，回视也。《礼》曰："顾不过毂。"三者皆失容，且惑人。〇此一节，记孔子升车之容。

色斯举矣，翔而后集。[1]曰："山梁雌雉，时哉！时哉！"子路共之，三嗅而作。[2]

【朱子集注】

[1] 言鸟见人之颜色不善，则飞去，回翔审视而后下止。人之见几而作，审择所处，亦当如此。然此上下，必有阙文矣。

[2] 共，九用反，又居勇反。嗅，许又反。〇邢氏曰："梁，桥也。时哉，言雉之饮啄得其时。子路不达，以为时物而共其之。孔子不食，三嗅其气而起。"晁氏曰："石经嗅作戛，谓雉鸣也。"刘聘君云："嗅，当作臭，古阒反。张两翅也。见《尔雅》。"愚按：如后两说，则"共"字当为拱执之义。然此必有阙文，不可强为之说。姑记所闻，以俟知者。

卷第六

先进第十一

子曰："先进于礼乐,野人也;后进于礼乐,君子也。[1]如用之,则吾从先进。"[2]

【朱子集注】

[1] 先进、后进,犹言前辈、后辈。野人,谓郊外之民。君子,谓贤士大夫也。程子曰:"先进于礼乐,文质得宜,今反谓之质朴,而以为野人。后进之于礼乐,文过其质,今反谓之彬彬,而以为君子。盖周末文胜,故时人之言如此,不自知其过于文也。"

[2] 用之,谓用礼乐。孔子既述时人之言,又自言其如此,盖欲损过以就中也。

子曰："从我于陈、蔡者,皆不及门也。[1]德行:颜渊、闵子骞、冉伯牛、仲弓。言语:宰我、子贡。政事:冉有、季路。文学:子游、子夏。"[2]

【朱子集注】

[1] 从,去声。○孔子尝厄于陈、蔡之间,弟子多从之者,此时皆不在门。故孔子思之,盖不忘其相从于患难之中也。

[2] 行,去声。○弟子因孔子之言,记此十人,而并目其所长,分为四科。孔子教人各因其材,于此可见。○程子曰:"四科乃从夫子于陈、

蔡者尔,门人之贤者固不止此。曾子传道而不与焉,故知十哲世俗论也。"

子曰:"回也非助我者也,于吾言无所不说。"[1]

【朱子集注】

[1] 说,音悦。○助我,若子夏之起予,因疑问而有以相长也。颜子于圣人之言,默识心通,无所疑问,故夫子云然。其辞若有憾焉,其实乃深喜之。○胡氏曰:"夫子之于回,岂真以助我望之。盖圣人之谦德,又以深赞颜氏云尔。"

子曰:"孝哉闵子骞! 人不间于其父母昆弟之言。"[1]

【朱子集注】

[1] 间,去声。○胡氏曰:"父母兄弟称其孝友,人皆信之无异辞者,盖其孝友之实,有以积于中而著于外,故夫子叹而美之。"

南容三复白圭,孔子以其兄之子妻之。[1]

【朱子集注】

[1] 三、妻,并去声。○《诗·大雅·抑》之篇曰:"白圭之玷,尚可磨也;斯言之玷,不可为也。"南容一日三复此言,事见《家语》,盖深有意于谨言也。此邦有道所以不废,邦无道所以免祸,故孔子以兄子妻之。○范氏曰:"言者行之表,行者言之实,未有易其言而能谨于行者。南容欲谨其言如此,则必能谨其行矣。"

季康子问:"弟子孰为好学?"孔子对曰:"有颜回者好学,不幸短命死矣! 今也则亡。"[1]

【朱子集注】

[1] 好,去声。○范氏曰:"哀公、康子问同而对有详略者,臣之告君,不可不尽。若康子者,必待其能问乃告之,此教诲之道也。"

颜渊死,颜路请子之车以为之椁。[1]子曰:"才不才,亦各言其子也。鲤也死,有棺而无椁。吾不徒行以为之椁。以吾从大夫之后,不可徒行也。"[2]

【朱子集注】

[1] 颜路,渊之父,名无繇。少孔子六岁,孔子始教而受学焉。椁,外棺也。请为椁,欲卖车以买椁也。

[2] 鲤,孔子之子伯鱼也,先孔子卒。言鲤之才虽不及颜渊,然已与颜路以父视之,则皆子也。孔子时已致仕,尚从大夫之列,言"后",谦辞。○胡氏曰:"孔子遇旧馆人之丧,尝脱骖以赙之矣。今乃不许颜路之请,何邪? 葬可以无椁,骖可以脱而复求,大夫不可徒行,命车不可以与人而鬻诸市也。且为所识穷乏者得我,而勉强以副其意,岂诚心与直道哉? 或者以为君子行礼,视吾之有无而已。夫君子之用财,视义之可否,岂独视有无而已哉?"

颜渊死。子曰:"噫! 天丧予! 天丧予!"[1]

【朱子集注】

[1] 丧,去声。○噫,伤痛声。悼道无传,若天丧己也。

颜渊死，子哭之恸。从者曰："子恸矣。"[1]曰："有恸乎?[2]非夫人之为恸而谁为!"[3]

【朱子集注】

[1] 从，去声。○恸，哀过也。

[2] 哀伤之至，不自知也。

[3] 夫，音扶。为，去声。○夫人，谓颜渊。言其死可惜，哭之宜恸，非他人之比也。○胡氏曰："痛惜之至，施当其可，皆情性之正也。"

颜渊死，门人欲厚葬之，子曰："不可。"[1]门人厚葬之。[2]子曰："回也视予犹父也，予不得视犹子也。非我也，夫二三子也。"[3]

【朱子集注】

[1] 丧具称家之有无，贫而厚葬，不循理也，故夫子止之。

[2] 盖颜路听之。

[3] 叹不得如葬鲤之得宜，以责门人也。

季路问事鬼神。子曰："未能事人，焉能事鬼?""敢问死。"曰："未知生，焉知死?"[1]

【朱子集注】

[1] 焉，於虔反。○问事鬼神，盖求所以奉祭祀之意。而死者人之所必有，不可不知，皆切问也。然非诚敬足以事人，则必不能事神；非原始而知所以生，则必不能反终而知所以死。盖幽明始终，初无二理，但学之有序，不可躐等，故夫子告之如此。○程子曰："昼夜者，死生之道

也。知生之道,则知死之道。尽事人之道,则尽事鬼之道。死、生,人、鬼,一而二,二而一者也。或言夫子不告子路,不知此乃所以深告之也。"

闵子侍侧,訚訚如也;子路,行行如也;冉有、子贡,侃侃如也。子乐。[1]"若由也,不得其死然。"[2]

【朱子集注】

[1] 訚、侃,音义见前篇。行,胡浪反。乐,音洛。○行行,刚强之貌。子乐者,乐得英材而教育之。

[2] 尹氏曰:"子路刚强,有不得其死之理,故因以戒之。其后子路卒死于卫孔悝之难。"洪氏曰:"《汉书》引此句,上有'曰'字。"或云:"上文'乐'字,即'曰'字之误。"

鲁人为长府。[1]闵子骞曰:"仍旧贯,如之何? 何必改作?"[2]子曰:"夫人不言,言必有中。"[3]

【朱子集注】

[1] 长府,藏名。藏货财曰府。为,盖改作之。

[2] 仍,因也。贯,事也。王氏曰:"改作劳民伤财,在于得已,则不如仍旧贯之善。"

[3] 夫,音扶。中,去声。○言不妄发,发必当理,惟有德者能之。

子曰:"由之瑟,奚为于丘之门?"[1]门人不敬子路。子曰:"由也升堂矣,未入于室也。"[2]

【朱子集注】

[1] 程子曰："言其声之不和，与己不同也。"《家语》云："子路鼓瑟，有北鄙杀伐之声。"盖其气质刚勇，而不足于中和，故其发于声者如此。

[2] 门人以夫子之言，遂不敬子路，故夫子释之。升堂入室，喻入道之次第。言子路之学，已造乎正大高明之域，特未深入精微之奥耳，未可以一事之失而遽忽之也。

子贡问："师与商也孰贤？"子曰："师也过，商也不及。"[1]曰："然则师愈与？"[2]子曰："过犹不及。"[3]

【朱子集注】

[1] 子张才高意广，而好为苟难，故常过中。子夏笃信谨守，而规模狭隘，故常不及。

[2] 与，平声。○愈，犹胜也。

[3] 道以中庸为至。贤知之过，虽若胜于愚不肖之不及，然其失中则一也。○尹氏曰："中庸之为德也，其至矣乎！夫过与不及，均也。差之毫厘，缪以千里。故圣人之教，抑其过，引其不及，归于中道而已。"

季氏富于周公，而求也为之聚敛而附益之。[1]子曰："非吾徒也。小子鸣鼓而攻之，可也。"[2]

【朱子集注】

[1] 为，去声。○周公以王室至亲，有大功，位冢宰，其富宜矣。季氏以诸侯之卿，而富过之，非攘夺其君、刻剥其民，何以得此？冉有为季氏宰，又为之急赋税以益其富。

[2] 非吾徒，绝之也。小子鸣鼓而攻之，使门人声其罪以责之也。圣人之恶党恶而害民也如此。然师严而友亲，故已绝之，而犹使门人正

之,又见其爱人之无已也。○范氏曰:"冉有以政事之才,施于季氏,故为不善至于如此,由其心术不明,不能反求诸身,而以仕为急故也。"

柴也愚,[1]参也鲁,[2]师也辟,[3]由也喭。[4]

【朱子集注】

[1] 柴,孔子弟子,姓高,字子羔。愚者,知不足而厚有余。《家语》记其"足不履影,启蛰不杀,方长不折。执亲之丧,泣血三年,未尝见齿。避难而行,不径不窦"。可以见其为人矣。

[2] 鲁,钝也。程子曰:"参也竟以鲁得之。"又曰:"曾子之学,诚笃而已。圣门学者,聪明才辩,不为不多,而卒传其道,乃质鲁之人尔。故学以诚实为贵也。"尹氏曰:"曾子之才鲁,故其学也确,所以能深造乎道也。"

[3] 辟,婢亦反。○辟,便辟也。谓习于容止,少诚实也。

[4] 喭,五旦反。○喭,粗俗也。传称喭者,谓俗论也。○杨氏曰:"四者性之偏,语之使知自励也。"○吴氏曰:"此章之首,脱'子曰'二字。或疑下章子曰当在此章之首,而通为一章。"

子曰:"回也其庶乎,屡空。[1]赐不受命,而货殖焉,亿则屡中。"[2]

【朱子集注】

[1] 庶,近也。言近道也。屡空,数至空匮也。不以贫窭动心而求富,故屡至于空匮也。言其近道,又能安贫也。

[2] 中,去声。○命,谓天命。货殖,货财生殖也。亿,意度也。言子贡不如颜子之安贫乐道,然其才识之明,亦能料事而多中也。程子曰:"子贡之货殖,非若后人之丰财,但此心未忘耳。然此亦子贡少时事,至闻性与天道,则不为此矣。"○范氏曰:"屡空者,箪食瓢饮屡绝而不改其

乐也。天下之物,岂有可动其中者哉? 贫富在天,而子贡以货殖为心,则是不能安受天命矣。其言而多中者,亿而已,非穷理乐天者也。夫子尝曰'赐不幸言而中,是使赐多言也',圣人之不贵言也如是。"

子张问善人之道。子曰:"不践迹,亦不入于室。"[1]

【朱子集注】

[1] 善人,质美而未学者也。程子曰:"践迹,如言循途守辙。善人虽不必践旧迹而自不为恶,然亦不能入圣人之室也。"○张子曰:"善人欲仁而未志于学者也。欲仁,故虽不践成法,亦不蹈于恶,有诸己也。由不学,故无自而入圣人之室也。"

子曰:"论笃是与,君子者乎? 色庄者乎?"[1]

【朱子集注】

[1] 与,如字。○言但以其言论笃实而与之,则未知其为君子者乎? 为色庄者乎? 言不可以言貌取人也。

子路问:"闻斯行诸?"子曰:"有父兄在,如之何其闻斯行之?"冉有问:"闻斯行诸?"子曰:"闻斯行之。"公西华曰:"由也问'闻斯行诸',子曰'有父兄在';求也问'闻斯行诸',子曰'闻斯行之'。赤也惑,敢问。"子曰:"求也退,故进之;由也兼人,故退之。"[1]

【朱子集注】

[1] 兼人,谓胜人也。○张敬夫曰:"闻义固当勇为,然有父兄在,则

有不可得而专者。若不禀命而行，则反伤于义矣。子路有闻，未之能行，唯恐有闻，则于所当为不患其不能为矣，特患为之之意或过，而于所当禀命者有阙耳。若冉求之资禀失之弱，不患其不禀命也，患其于所当为者逡巡畏缩，而为之不勇耳。圣人一进之，一退之，所以约之于义理之中，而使之无过不及之患也。"

子畏于匡，颜渊后。子曰："吾以女为死矣。"曰："子在，回何敢死？"[1]

【朱子集注】

[1] 女，音汝。○后，谓相失在后。何敢死，谓不赴斗而必死也。胡氏曰："先王之制，民生于三，事之如一。惟其所在，则致死焉。况颜渊之于孔子，恩义兼尽，又非他人之为师弟子者而已。即孔子不幸而遇难，回必捐生以赴之矣。捐生以赴之，幸而不死，则必上告天子，下告方伯，请讨以复仇，不但已也。夫子而在，则回何为而不爱其死，以犯匡人之锋乎？"

季子然问："仲由、冉求可谓大臣与？"[1]子曰："吾以子为异之问，曾由与求之问。[2]所谓大臣者，以道事君，不可则止。[3]今由与求也，可谓具臣矣。"[4]曰："然则从之者与？"[5]子曰："弑父与君，亦不从也。"[6]

【朱子集注】

[1] 与，平声。○子然，季氏子弟。自多其家得臣二子，故问之。

[2] 异，非常也。曾，犹乃也。轻二子以抑季然也。

[3] 以道事君者，不从君之欲。不可则止者，必行己之志。

［4］具臣，谓备臣数而已。

［5］与，平声。〇意二子既非大臣，则从季氏之所为而已。

［6］言二子虽不足于大臣之道，然君臣之义则闻之熟矣，弑逆大故，必不从之。盖深许二子以死难不可夺之节，而又以阴折季氏不臣之心也。〇尹氏曰："季氏专权僭窃，二子仕其家而不能正也，知其不可而不能止也，可谓具臣矣。是时季氏已有无君之心，故自多其得人。意其可使从己也，故曰弑父与君，亦不从也，其庶乎二子可免矣。"

子路使子羔为费宰。[1]子曰："贼夫人之子。"[2]子路曰："有民人焉，有社稷焉，何必读书，然后为学？"[3]子曰："是故恶夫佞者。"[4]

【朱子集注】

［1］子路为季氏宰而举之也。

［2］夫，音扶，下同。〇贼，害也。言子羔质美而未学，遽使治民，适以害之。

［3］言治民、事神皆所以为学。

［4］恶，去声。〇治民、事神，固学者事，然必学之已成，然后可仕以行其学。若初未尝学，而使之即仕以为学，其不至于慢神而虐民者几希矣。子路之言，非其本意，但理屈辞穷，而取辨于口以御人耳。故夫子不斥其非，而特恶其佞也。〇范氏曰："古者学而后入政，未闻以政学者也。盖道之本在于修身，而后及于治人，其说具于方册。读而知之，然后能行，何可以不读书也？子路乃欲使子羔以政为学，失先后本末之序矣。不知其过而以口给御人，故夫子恶其佞也。"

子路、曾皙、冉有、公西华侍坐。[1]子曰："以吾一日长乎尔，毋吾以也。[2]居则曰：'不吾知也！'如或知尔，则何以哉?"[3]子路率尔而对曰:"千乘之国,摄乎大国之间,加之以师旅,因之以饥馑;由也为之,比及三年,可使有勇,且知方也。"夫子哂之。[4]"求!尔何如?"对曰:"方六七十,如五六十,求也为之,比及三年,可使足民。如其礼乐,以俟君子。"[5]"赤!尔何如?"对曰:"非曰能之,愿学焉。宗庙之事,如会同,端章甫,愿为小相焉。"[6]"点!尔何如?"鼓瑟希,铿尔,舍瑟而作,对曰:"异乎三子者之撰。"子曰:"何伤乎?亦各言其志也。"曰:"莫春者,春服既成,冠者五六人,童子六七人,浴乎沂,风乎舞雩,咏而归。"夫子喟然叹曰:"吾与点也!"[7]三子者出,曾皙后。曾皙曰:"夫三子者之言何如?"子曰:"亦各言其志也已矣。"[8]曰:"夫子何哂由也?"[9]曰:"为国以礼,其言不让,是故哂之。"[10]"唯求则非邦也与?""安见方六七十如五六十而非邦也者?"[11]"唯赤则非邦也与?""宗庙会同,非诸侯而何?赤也为之小,孰能为之大?"[12]

【朱子集注】

[1] 坐,才卧反。○皙,曾参父,名点。

[2] 长,上声。○言我虽年少长于女,然女勿以我长而难言。盖诱之尽言以观其志,而圣人和气谦德,于此亦可见矣。

[3] 言女平居,则言人不知我。如或有人知女,则女将何以为用也?

[4] 乘,去声。饥,音机。馑,音仅。比,必二反,下同。哂,诗忍反。○率尔,轻遽之貌。摄,管束也。二千五百人为师,五百人为旅。因,仍也。谷不熟曰饥,菜不熟曰馑。方,向也,谓向义也。民向义,则能亲其上,死其长矣。哂,微笑也。

[5] "求,尔何如?"孔子问也,下放此。方六七十里,小国也。如,犹

或也。五六十里,则又小矣。足,富足也。俟君子,言非己所能。冉有谦退,又以子路见哂,故其辞益逊。

[6]相,去声。○公西华志于礼乐之事,嫌以君子自居。故将言己志而先为逊辞,言未能而愿学也。宗庙之事,谓祭祀。诸侯时见曰会,众觌曰同。端,玄端服。章甫,礼冠。相,赞君之礼者。言"小",亦谦辞。

[7]铿,苦耕反。舍,上声。撰,士免反。莫、冠,并去声。沂,鱼依反。雩,音于。○四子侍坐,以齿为序,则点当次对。以方鼓瑟,故孔子先问求、赤而后及点也。希,间歇也。作,起也。撰,具也。莫春,和煦之时。春服,单袷之衣。浴,盥濯也,今上巳祓除是也。沂,水名,在鲁城南,地志以为有温泉焉,理或然也。风,乘凉也。舞雩,祭天祷雨之处,有坛墠树木也。咏,歌也。曾点之学,盖有以见夫人欲尽处,天理流行,随处充满,无少欠缺。故其动静之际,从容如此。而其言志,则又不过即其所居之位,乐其日用之常,初无舍己为人之意。而其胸次悠然,直与天地万物上下同流,各得其所之妙,隐然自见于言外。视三子规规于事为之末者,气象不侔矣,故夫子叹息而深许之。而门人记其本末独加详焉,盖亦有以识此矣。

[8]夫,音扶。

[9]点以子路之志,乃所优为,而夫子哂之,故请其说。

[10]夫子盖许其能,特哂其不逊。

[11]与,平声,下同。○曾点以冉求亦欲为国而不见哂,故微问之。而夫子之答无贬词,盖亦许之。

[12]此亦曾晳问而夫子答也。孰能为之大,言无能出其右者,亦许之之辞。○程子曰:"古之学者,优柔厌饫,有先后之序。如子路、冉有、公西赤言志如此,夫子许之。亦以此自是实事。后之学者好高,如人游心千里之外,然自身却只在此。"又曰:"孔子与点,盖与圣人之志同,便是尧、舜气象也。诚异三子者之撰,特行有不掩焉耳,此所谓狂也。子路等所见者小,子路只为不达为国以礼道理,是以哂之。若达,却便是这气象也。"又曰:"三子皆欲得国而治之,故孔子不取。曾点,狂者也,未必能为

圣人之事,而能知夫子之志。故曰浴乎沂,风乎舞雩,咏而归,言乐而得其所也。孔子之志,在于老者安之,朋友信之,少者怀之,使万物莫不遂其性。曾点知之,故孔子喟然叹曰:'吾与点也。'"又曰:"曾点、漆雕开,已见大意。"

颜渊第十二

颜渊问仁。子曰:"克己复礼为仁。一日克己复礼,天下归仁焉。为仁由己,而由人乎哉?"[1]颜渊曰:"请问其目。"子曰:"非礼勿视,非礼勿听,非礼勿言,非礼勿动。"颜渊曰:"回虽不敏,请事斯语矣。"[2]

【朱子集注】

[1]仁者,本心之全德。克,胜也。己,谓身之私欲也。复,反也。礼者,天理之节文也。为仁者,所以全其心之德也。盖心之全德,莫非天理,而亦不能不坏于人欲。故为仁者必有以胜私欲而复于礼,则事皆天理,而本心之德复全于我矣。归,犹与也。又言一日克己复礼,则天下之人皆与其仁,极言其效之甚速而至大也。又言为仁由己而非他人所能预,又见其机之在我而无难也。日日克之,不以为难,则私欲净尽,天理流行,而仁不可胜用矣。程子曰:"非礼处便是私意。既是私意,如何得仁?须是克尽己私,皆归于礼,方始是仁。"又曰:"克己复礼,则事事皆仁,故曰天下归仁。"谢氏曰:"克己,须从性偏难克处克将去。"

[2]目,条件也。颜渊闻夫子之言,则于天理人欲之际,已判然矣,故不复有所疑问,而直请其条目也。非礼者,己之私也。勿者,禁止之辞。是人心之所以为主,而胜私复礼之机也。私胜,则动容周旋无不中礼,而日用之间莫非天理之流行矣。事,如事事之事。请事斯语,颜子默识其理,又自知其力有以胜之,故直以为己任而不疑也。○程子曰:"颜渊问克己复礼之目,子曰:'非礼勿视,非礼勿听,非礼勿言,非礼勿动。'四者,身之用也。由乎中而应乎外,制于外所以养其中也。颜渊事斯语,所以进于圣人。后之学圣人者,宜服膺而勿失也,因箴以自警。其《视

箴》曰：'心兮本虚，应物无迹。操之有要，视为之则。蔽交于前，其中则迁。制之于外，以安其内。克己复礼，久而诚矣。'其《听箴》曰：'人有秉彝，本乎天性。知诱物化，遂亡其正。卓彼先觉，知止有定。闲邪存诚，非礼勿听。'其《言箴》曰：'人心之动，因言以宣。发禁躁妄，内斯静专。矧是枢机，兴戎出好。吉凶荣辱，惟其所召。伤易则诞，伤烦则支。己肆物忤，出悖来违。非法不道，钦哉训辞！'其《动箴》曰：'哲人知幾，诚之于思。志士励行，守之于为。顺理则裕，从欲惟危。造次克念，战兢自持。习与性成，圣贤同归。'"愚按：此章问答，乃传授心法切要之言。非至明不能察其幾，非至健不能致其决。故惟颜子得闻之，而凡学者亦不可以不勉也。程子之箴，发明亲切，学者尤宜深玩。

仲弓问仁。子曰："出门如见大宾，使民如承大祭。己所不欲，勿施于人。在邦无怨，在家无怨。"仲弓曰："雍虽不敏，请事斯语矣。"[1]

【朱子集注】

[1] 敬以持己，恕以及物，则私意无所容而心德全矣。内外无怨，亦以其效言之，使以自考也。〇程子曰："孔子言仁，只说出门如见大宾，使民如承大祭。看其气象，便须心广体胖，动容周旋中礼。惟谨独，便是守之之法。"或问："出门、使民之时，如此可也；未出门、使民之时，如之何？"曰："此儼若思时也，有诸中而后见于外。观其出门、使民之时，其敬如此，则前乎此者敬可知矣。非因出门、使民，然后有此敬也。"愚按：克己复礼，乾道也；主敬行恕，坤道也。颜、冉之学，其高下浅深，于此可见。然学者诚能从事于敬恕之间而有得焉，亦将无己之可克矣。

司马牛问仁。[1]子曰："仁者其言也讱。"[2]曰："其言也讱，斯谓之仁已乎？"子曰："为之难，言之得无讱乎？"[3]

【朱子集注】

[1] 司马牛,孔子弟子,名犁,向魋之弟。

[2] 讱,音刃。○讱,忍也,难也。仁者心存而不放,故其言若有所忍而不易发,盖其德之一端也。夫子以牛多言而躁,故告之以此。使其于此而谨之,则所以为仁之方,不外是矣。

[3] 牛意仁道至大,不但如夫子之所言,故夫子又告之以此。盖心常存,故事不苟;事不苟,故其言自有不得而易者,非强闭之而不出也。杨氏曰:"观此及下章再问之语,牛之易其言可知。"○程子曰:"虽为司马牛多言故及此,然圣人之言,亦止此为是。"愚谓牛之为人如此,若不告之以其病之所切,而泛以为仁之大概语之,则以彼之躁,必不能深思以去其病,而终无自以入德矣。故其告之如此。盖圣人之言,虽有高下大小之不同,然其切于学者之身,而皆为入德之要,则又初不异也。读者其致思焉。

司马牛问君子。子曰:"君子不忧不惧。"[1] 曰:"不忧不惧,斯谓之君子已乎?"子曰:"内省不疚,夫何忧何惧?"[2]

【朱子集注】

[1] 向魋作乱,牛常忧惧,故夫子告之以此。

[2] 夫,音扶。○牛之再问,犹前章之意,故复告之以此。疚,病也。言由其平日所为无愧于心,故能内省不疚,而自无忧惧,未可遽以为易而忽之也。○晁氏曰:"不忧不惧,由乎德全而无疵。故无入而不自得,非实有忧惧而强排遣之也。"

司马牛忧曰:"人皆有兄弟,我独亡。"[1] 子夏曰:"商闻之矣;[2] 死生有命,富贵在天。[3] 君子敬而无失,与人恭而有礼。四海之内,皆兄弟也。君子何患乎无兄弟也?"[4]

【朱子集注】

　[1]牛有兄弟而云然者,忧其为乱而将死也。

　[2]盖闻之夫子。

　[3]命禀于有生之初,非今所能移;天莫之为而为,非我所能必,但当顺受而已。

　[4]既安于命,又当修其在己者。故又言苟能持己以敬而不间断,接人以恭而有节文,则天下之人皆爱敬之,如兄弟矣。盖子夏欲以宽牛之忧,而为是不得已之辞,读者不以辞害意可也。○胡氏曰:"子夏四海皆兄弟之言,特以广司马牛之意,意圆而语滞者也,惟圣人则无此病矣。且子夏知此而以哭子丧明,则以蔽于爱而昧于理,是以不能践其言尔。"

　　子张问明。子曰:"浸润之谮,肤受之诉,不行焉,可谓明也已矣。浸润之谮,肤受之诉,不行焉,可谓远也已矣。"[1]

【朱子集注】

　[1]谮,庄荫反。诉,苏路反。○浸润,如水之浸灌滋润,渐渍而不骤也。谮,毁人之行也。肤受,谓肌肤所受,利害切身。如《易》所谓"剥床以肤,切近灾"者也。诉,诉己之冤也。毁人者渐渍而不骤,则听者不觉其入,而信之深矣。诉冤者急迫而切身,则听者不及致详,而发之暴矣。二者难察而能察之,则可见其心之明而不蔽于近矣。此亦必因子张之失而告之,故其辞繁而不杀,以致丁宁之意云。○杨氏曰:"骤而语之,与利害不切于身者,不行焉,有不待明者能之也。故浸润之谮、肤受之诉不行,然后谓之明,而又谓之远,远则明之至也。《书》曰:'视远惟明。'"

　　子贡问政。子曰:"足食,足兵,民信之矣。"[1]子贡曰:"必不得已而去,于斯三者何先?"曰:"去兵。"[2]子贡曰:"必不得已而去，于斯二者何先？"曰："去食。自古皆有死，民无信不立。"[3]

【朱子集注】

[1] 言仓廪实而武备修，然后教化行，而民信于我，不离叛也。

[2] 去，上声，下同。〇言食足而信孚，则无兵而守固矣。

[3] 民无食必死，然死者人之所必不免。无信，则虽生而无以自立，不若死之为安。故宁死而不失信于民，使民亦宁死而不失信于我也。〇程子曰："孔门弟子善问，直穷到底，如此章者，非子贡不能问，非圣人不能答也。"愚谓以人情而言，则兵食足而后吾之信可以孚于民。以民德而言，则信本人之所固有，非兵食所得而先也。是以为政者，当身率其民而以死守之，不以危急而可弃也。

棘子成曰："君子质而已矣，何以文为？"[1]子贡曰："惜乎！夫子之说，君子也。驷不及舌。[2]文犹质也，质犹文也。虎豹之鞟犹犬羊之鞟。"[3]

【朱子集注】

[1] 棘子成，卫大夫。疾时人文胜，故为此言。

[2] 言子成之言，乃君子之意。然言出于舌，则驷马不能追之，又惜其失言也。

[3] 鞟，其郭反。〇鞟，皮去毛者也。言文质等耳，不可相无。若必尽去其文而独存其质，则君子小人无以辨矣。夫棘子成矫当时之弊，固失之过；而子贡矫子成之弊，又无本末轻重之差，胥失之矣。

哀公问于有若曰："年饥，用不足，如之何？"[1]有若对曰:"盍彻乎?"[2]曰:"二,吾犹不足,如之何其彻也?"[3]对曰:"百姓足,君孰与不足? 百姓不足,君孰与足?"[4]

【朱子集注】

[1] 称有若者,君臣之辞。用,谓国用。公意盖欲加赋以足用也。

[2] 彻,通也,均也。周制:一夫受田百亩,而与同沟共井之人通力合作,计亩均收。大率民得其九,公取其一,故谓之彻。鲁自宣公税亩,又逐亩什取其一,则为什而取二矣。故有若请但专行彻法,欲公节用以厚民也。

[3] 二,即所谓什二也。公以有若不喻其旨,故言此以示加赋之意。

[4] 民富则君不至独贫,民贫则君不能独富。有若深言君民一体之意,以止公之厚敛,为人上者所宜深念也。○杨氏曰:"仁政必自经界始。经界正,而后井地均、谷禄平,而军国之须皆量是以为出焉。故一彻而百度举矣,上下宁忧不足乎? 以二犹不足而教之彻,疑若迂矣。然什一,天下之中正。多则桀,寡则貉,不可改也。后世不究其本而惟末之图,故征敛无艺,费出无经,而上下困矣。又恶知盍彻之当务而不为迂乎?"

子张问崇德、辨惑。子曰:"主忠信,徙义,崇德也。[1]爱之欲其生,恶之欲其死。既欲其生,又欲其死,是惑也。[2]'诚不以富,亦祗以异。'"[3]

【朱子集注】

[1] 主忠信,则本立。徙义,则日新。

[2] 恶,去声。○爱恶,人之常情也。然人之生死有命,非可得而欲也。以爱恶而欲其生死,则惑矣。既欲其生,又欲其死,则惑之甚也。

[3] 此《诗·小雅·我行其野》之辞也。旧说:夫子引之,以明欲其生死者不能使之生死。如此诗所言,不足以致富而适足以取异也。程子

曰："此错简,当在第十六篇齐景公有马千驷之上。因此下文亦有齐景公字而误也。"〇杨氏曰："堂堂乎张也,难与并为仁矣。则非诚善补过、不蔽于私者,故告之如此。"

齐景公问政于孔子。[1]孔子对曰："君君,臣臣,父父,子子。"[2]公曰："善哉!信如君不君,臣不臣,父不父,子不子,虽有粟,吾得而食诸?"[3]

【朱子集注】

[1] 齐景公,名杵臼。鲁昭公末年,孔子适齐。

[2] 此人道之大经,政事之根本也。是时景公失政,而大夫陈氏厚施于国。景公又多内嬖,而不立太子。其君臣父子之间,皆失其道,故夫子告之以此。

[3] 景公善孔子之言而不能用,其后果以继嗣不定,启陈氏弑君篡国之祸。〇杨氏曰："君之所以君,臣之所以臣,父之所以父,子之所以子,是必有道矣。景公知善夫子之言,而不知反求其所以然,盖悦而不绎者,齐之所以卒于乱也。"

子曰："片言可以折狱者,其由也与?"[1]子路无宿诺。[2]

【朱子集注】

[1] 折,之舌反。与,平声。〇片言,半言。折,断也。子路忠信明决,故言出而人信服之,不待其辞之毕也。

[2] 宿,留也,犹宿怨之宿。急于践言,不留其诺也。记者因夫子之言而记此,以见子路之所以取信于人者,由其养之有素也。〇尹氏曰:"小邾射以句绎奔鲁,曰:'使季路要我,吾无盟矣。'千乘之国,不信其盟,而信子路之一言,其见信于人可知矣。一言而折狱者,信在言前,人自信

之故也。不留诸,所以全其信也。"

子曰:"听讼,吾犹人也,必也使无讼乎!"[1]

【朱子集注】

[1] 范氏曰:"听讼者,治其末,塞其流也。正其本,清其源,则无讼矣。"○杨氏曰:"子路片言可以折狱,而不知以礼逊为国,则未能使民无讼者也。故又记孔子之言,以见圣人不以听讼为难,而以使民无讼为贵。"

子张问政。子曰:"居之无倦,行之以忠。"[1]

【朱子集注】

[1] 居,谓存诸心。无倦,则始终如一。行,谓发于事。以忠,则表里如一。○程子曰:"子张少仁。无诚心爱民,则必倦而不尽心,故告之以此。"

子曰:"博学于文,约之以礼,亦可以弗畔矣夫!"[1]

【朱子集注】

[1] 重出。

子曰:"君子成人之美,不成人之恶。小人反是。"[1]

【朱子集注】

[1] 成者,诱掖奖劝以成其事也。君子小人,所存既有厚薄之殊,而

其所好又有善恶之异。故其用心不同如此。

季康子问政于孔子。孔子对曰:"政者,正也。子帅以正,孰敢不正?"[1]

【朱子集注】

[1] 范氏曰:"未有己不正而能正人者。"○胡氏曰:"鲁自中叶,政由大夫,家臣效尤,据邑背叛,不正甚矣。故孔子以是告之,欲康子以正自克,而改三家之故。惜乎康子之溺于利欲而不能也。"

季康子患盗,问于孔子。孔子对曰:"苟子之不欲,虽赏之不窃。"[1]

【朱子集注】

[1] 言子不贪欲,则虽赏民使之为盗,民亦知耻而不窃。○胡氏曰:"季氏窃柄,康子夺嫡,民之为盗,固其所也。盍亦反其本耶? 孔子以不欲启之,其旨深矣。"夺嫡事见《春秋传》。

季康子问政于孔子,曰:"如杀无道,以就有道,何如?"孔子对曰:"子为政,焉用杀? 子欲善,而民善矣。君子之德风,小人之德草。草上之风,必偃。"[1]

【朱子集注】

[1] 焉,於虔反。○为政者,民所视效,何以杀为? 欲善则民善矣。上,一作尚,加也。偃,仆也。○尹氏曰:"杀之为言,岂为人上之语哉? 以身教者从,以言教者讼,而况于杀乎?"

子张问:"士何如,斯可谓之达矣?"[1]子曰:"何哉,尔所谓达者?"[2]子张对曰:"在邦必闻,在家必闻。"[3]子曰:"是闻也,非达也。[4]夫达也者,质直而好义,察言而观色,虑以下人。在邦必达,在家必达。[5]夫闻也者,色取仁而行违,居之不疑。在邦必闻,在家必闻。"[6]

【朱子集注】

[1] 达者,德孚于人而行无不得之谓。

[2] 子张务外,夫子盖已知其发问之意,故反诘之,将以发其病而药之也。

[3] 言名誉著闻也。

[4] 闻与达相似而不同,乃诚伪之所以分,学者不可不审也。故夫子既明辨之,下文又详言之。

[5] 夫,音扶,下同。好、下,皆去声。○内主忠信,而所行合宜,审于接物,而卑以自牧,皆自修于内,不求人知之事。然德修于己而人信之,则所行自无窒碍矣。

[6] 行,去声。○善其颜色以取于仁,而行实背之,又自以为是而无所忌惮。此不务实而专务求名者,故虚誉虽隆而实德则病矣。○程子曰:"学者须是务实,不要近名。有意近名,大本已失,更学何事?为名而学,则是伪也。今之学者,大抵为名。为名与为利,虽清浊不同,然其利心则一也。"尹氏曰:"子张之学,病在乎不务实。故孔子告之,皆笃实之事,充乎内而发乎外者也。当时门人亲受圣人之教,而差失有如此者,况后世乎?"

樊迟从游于舞雩之下,曰:"敢问崇德、修慝、辨惑。"[1]子曰:"善哉问![2]先事后得,非崇德与?攻其恶,无攻人之恶,非修慝与?一朝之忿,忘其身,以及其亲,非惑与?"[3]

【朱子集注】

[1]慝,吐得反。○胡氏曰:"慝之字从心从匿,盖恶之匿于心者。修者,治而去之。"

[2]善其切于为己。

[3]与,平声。○先事后得,犹言先难后获也。为所当为而不计其功,则德日积而不自知矣。专于治己而不责人,则己之恶无所匿矣。知一朝之忿为甚微,而祸及其亲为甚大,则有以辨惑而惩其忿矣。樊迟粗鄙近利,故告之以此,三者皆所以救其失也。○范氏曰:"先事后得,上义而下利也。人惟有利欲之心,故德不崇。惟不自省己过而知人之过,故慝不修。感物而易动者莫如忿,忘其身以及其亲,惑之甚者也。惑之甚者必起于细微,能辨之于早,则不至于大惑矣。故惩忿所以辨惑也。"

樊迟问仁。子曰:"爱人。"问知。子曰:"知人。"[1]樊迟未达。[2]子曰:"举直错诸枉,能使枉者直。"[3]樊迟退,见子夏,曰:"乡也吾见于夫子而问'知',子曰'举直错诸枉,能使枉者直',何谓也?"[4]子夏曰:"富哉言乎![5]舜有天下,选于众,举皋陶,不仁者远矣。汤有天下,选于众,举伊尹,不仁者远矣。"[6]

【朱子集注】

[1]上"知",去声;下如字。○爱人,仁之施。知人,知之务。

[2]曾氏曰:"迟之意,盖以爱欲其周,而知有所择,故疑二者之相悖尔。"

[3]举直错枉者,知也。使枉者直,则仁矣。如此,则二者不惟不相悖,而反相为用矣。

[4]乡,去声。见,贤遍反。○迟以夫子之言,专为知者之事。又未达所以能使枉者直之理。

[5]叹其所包者广,不止言知。

[6]选,息恋反。陶,音遥。远,如字。○伊尹,汤之相也。不仁者远,言人皆化而为仁,不见有不仁者,若其远去尔,所谓使枉者直也。子夏盖有以知夫子之兼仁、知而言矣。○程子曰:"圣人之语,因人而变化。虽若有浅近者,而其包含无所不尽,观于此章可见矣。非若他人之言,语近则遗远,语远则不知近也。"尹氏曰:"学者之问也,不独欲闻其说,又必欲知其方;不独欲知其方,又必欲为其事。如樊迟之问仁、知也,夫子告之尽矣。樊迟未达,故又问焉,而犹未知其何以为之也。及退而问诸子夏,然后有以知之。使其未喻,则必将复问矣。既问于师,又辨诸友,当时学者之务实也如是。"

子贡问友。子曰:"忠告而善道之,不可则止,无自辱焉。"[1]

【朱子集注】

[1]告,工毒反。道,去声。○友所以辅仁,故尽其心以告之,善其说以道之。然以义合者也,故不可则止。若以数而见疏,则自辱矣。

曾子曰:"君子以文会友,以友辅仁。"[1]

【朱子集注】

[1]讲学以会友,则道益明;取善以辅仁,则德日进。

卷第七

子路第十三

　　子路问政。子曰："先之，劳之。"[1] 请益。曰："无倦。"[2]

【朱子集注】

　　[1] 劳，如字。○苏氏曰："凡民之行，以身先之，则不令而行。凡民之事，以身劳之，则虽勤不怨。"

　　[2] 无，古本作毋。○吴氏曰："勇者喜于有为而不能持久，故以此告之。"○程子曰："子路问政，孔子既告之矣。及请益，则曰无倦而已。未尝复有所告，姑使之深思也。"

　　仲弓为季氏宰，问政。子曰："先有司，赦小过，举贤才。"[1] 曰："焉知贤才而举之?"曰："举尔所知。尔所不知，人其舍诸?"[2]

【朱子集注】

　　[1] 有司，众职也。宰兼众职，然事必先之于彼，而后考其成功，则己不劳而事毕举矣。过，失误也。大者于事或有所害，不得不惩；小者赦之，则刑不滥而人心悦矣。贤，有德者。才，有能者。举而用之，则有司皆得其人而政益修矣。

　　[2] 焉，於虔反。舍，上声。○仲弓虑无以尽知一时之贤才，故孔子告之以此。程子曰："人各亲其亲，然后不独亲其亲。仲弓曰焉知贤才而

举之,子曰举尔所知,尔所不知,人其舍诸,便见仲弓与圣人用心之大小。推此义,则一心可以兴邦,一心可以丧邦,只在公私之间尔。"○范氏曰:"不先有司,则君行臣职矣;不赦小过,则下无全人矣;不举贤才,则百职废矣。失此三者,不可以为季氏宰,况天下乎?"

子路曰:"卫君待子而为政,子将奚先?"[1]子曰:"必也正名乎!"[2]子路曰:"有是哉,子之迂也!奚其正?"[3]子曰:"野哉由也!君子于其所不知,盖阙如也。[4]名不正,则言不顺;言不顺,则事不成;[5]事不成,则礼乐不兴;礼乐不兴,则刑罚不中;刑罚不中,则民无所措手足。[6]故君子名之必可言也,言之必可行也。君子于其言,无所苟而已矣。"[7]

【朱子集注】

[1]卫君,谓出公辄也。是时鲁哀公之十年,孔子自楚反乎卫。

[2]是时出公不父其父而祢其祖,名实紊矣,故孔子以正名为先。谢氏曰:"正名虽为卫君而言,然为政之道,皆当以此为先。"

[3]迂,谓远于事情,言非今日之急务也。

[4]野,谓鄙俗。责其不能阙疑,而率尔妄对也。

[5]杨氏曰:"名不当其实,则言不顺。言不顺,则无以考实而事不成。"

[6]中,去声。○范氏曰:"事得其序之谓礼,物得其和之谓乐。事不成则无序而不和,故礼乐不兴。礼乐不兴,则施之政事皆失其道,故刑罚不中。"

[7]程子曰:"名实相须,一事苟,则其余皆苟矣。"○胡氏曰:"卫世子蒯聩耻其母南子之淫乱,欲杀之,不果而出奔。灵公欲立公子郢,郢辞。公卒,夫人立之,又辞。乃立蒯聩之子辄,以拒蒯聩。夫蒯聩欲杀母,得罪于父,而辄据国以拒父,皆无父之人也,其不可有国也明矣。夫

子为政,而以正名为先,必将具其事之本末,告诸天王,请于方伯,命公子郢而立之。则人伦正,天理得,名正言顺而事成矣。夫子告之之详如此,而子路终不喻也。故事辄不去,卒死其难。徒知食焉不避其难之为义,而不知食辄之食为非义也。"

樊迟请学稼。子曰:"吾不如老农。"请学为圃。曰:"吾不如老圃。"[1]樊迟出。子曰:"小人哉,樊须也![2]上好礼,则民莫敢不敬;上好义,则民莫敢不服;上好信,则民莫敢不用情。夫如是,则四方之民襁负其子而至矣,焉用稼?"[3]

【朱子集注】

[1] 种五谷曰稼,种蔬菜曰圃。

[2] 小人,谓细民,孟子所谓小人之事者也。

[3] 好,去声。夫,音扶。襁,居丈反。焉,於虔反。○礼、义、信,大人之事也。好义,则事合宜。情,诚实也。敬、服、用情,盖各以其类而应也。襁,织缕为之,以约小儿于背者。○杨氏曰:"樊须游圣人之门,而问稼圃,志则陋矣,辞而辟之可也。待其出而后言其非,何也?盖于其问也,自谓农圃之不如,则拒之者至矣。须之学疑不及此,而不能问,不能以三隅反矣,故不复。及其既出,则惧其终不喻也,求老农老圃而学焉,则其失愈远矣。故复言之,使知前所言者意有在也。"

子曰:"诵《诗》三百,授之以政,不达;使于四方,不能专对;虽多,亦奚以为?"[1]

【朱子集注】

[1] 使,去声。○专,独也。《诗》本人情,该物理,可以验风俗之盛

衰,见政治之得失。其言温厚和平,长于风喻。故诵之者,必达于政而能言也。○程子曰:"穷经将以致用也。世之诵《诗》者,果能从政而专对乎? 然则其所学者,章句之末耳,此学者之大患也。"

子曰:"其身正,不令而行;其身不正,虽令不从。"

子曰:"鲁、卫之政,兄弟也。"[1]

【朱子集注】

[1]鲁,周公之后。卫,康叔之后。本兄弟之国,而是时衰乱,政亦相似,故孔子叹之。

子谓卫公子荆,"善居室。始有,曰苟合矣。少有,曰苟完矣。富有,曰苟美矣。"[1]

【朱子集注】

[1]公子荆,卫大夫。苟,聊且粗略之意。合,聚也。完,备也。言其循序而有节,不以欲速尽美累其心。○杨氏曰:"务为全美,则累物而骄吝之心生。公子荆皆曰苟而已,则不以外物为心,其欲易足故也。"

子适卫,冉有仆。[1]子曰:"庶矣哉!"[2]冉有曰:"既庶矣,又何加焉?"曰:"富之。"[3]曰:"既富矣,又何加焉?"曰:"教之。"[4]

【朱子集注】

[1]仆,御车也。

　　[2]庶,众也。

　　[3]庶而不富,则民生不遂,故制田里,薄赋敛以富之。

　　[4]富而不教,则近于禽兽。故必立学校,明礼义以教之。○胡氏曰:"天生斯民,立之司牧,而寄以三事。然自三代之后,能举此职者,百无一二。汉之文、明,唐之太宗,亦云庶且富矣,西京之教无闻焉。明帝尊师重傅,临雍拜老,宗戚子弟莫不受学;唐太宗大召名儒,增广生员,教亦至矣,然而未知所以教也。三代之教,天子公卿躬行于上,言行政事皆可师法。彼二君者,其能然乎?"

　　子曰:"苟有用我者。期月而已可也,三年有成。"[1]

【朱子集注】

　　[1]期月,谓周一岁之月也。可者,仅辞,言纲纪布也。有成,治功成也。○尹氏曰:"孔子叹当时莫能用己也,故云然。"愚按:《史记》,此盖为卫灵公不能用而发。

　　子曰:"善人为邦百年,亦可以胜残去杀矣。诚哉是言也!"[1]

【朱子集注】

　　[1]胜,平声。去,上声。○为邦百年,言相继而久也。胜残,化残暴之人,使不为恶也。去杀,谓民化于善,可以不用刑杀也。盖古有是言,而夫子称之。程子曰:"汉自高、惠至于文、景,黎民醇厚,几致刑措,庶乎其近之矣。"○尹氏曰:"胜残去杀,不为恶而已,善人之功如是。若夫圣人,则不待百年,其化亦不止此。"

　　子曰:"如有王者,必世而后仁。"[1]

【朱子集注】

[1] 王者,谓圣人受命而兴也。三十年为一世。仁,谓教化浃也。程子曰:"周自文、武至于成王,而后礼乐兴,即其效也。"○或问:"三年、必世,迟速不同,何也?"程子曰:"三年有成,谓法度纪纲有成而化行也。渐民以仁,摩民以义,使之浃于肌肤,沦于骨髓,而礼乐可兴,所谓仁也。此非积久,何以能致?"

子曰:"苟正其身矣,于从政乎何有? 不能正其身,如正人何?"

冉有退朝。子曰:"何晏也?"对曰:"有政。"子曰:"其事也。如有政,虽不吾以,吾其与闻之。"[1]

【朱子集注】

[1] 朝,音潮。与,去声。○冉有时为季氏宰。朝,季氏之私朝也。晏,晚也。政,国政。事,家事。以,用也。礼:大夫虽不治事,犹得与闻国政。是时季氏专鲁,其于国政,盖有不与同列议于公朝,而独与家臣谋于私室者。故夫子为不知者而言,此必季氏之家事耳。若是国政,我尝为大夫,虽不见用,犹当与闻。今既不闻,则是非国政也。语意与魏徵献陵之对略相似。其所以正名分,抑季氏,而教冉有之意深矣。

定公问:"一言而可以兴邦,有诸?"孔子对曰:"言不可以若是其几也。[1]人之言曰:'为君难,为臣不易。'[2]如知为君之难也,不几乎一言而兴邦乎?"[3]曰:"一言而丧邦,有诸?"孔子对曰:"言不可以若是其几也。人之言曰:'予无乐乎为君,唯其言而莫予违也。'[4]如其善而莫之违也,不亦善乎？如不善而莫之违也，不几乎一言而丧邦乎？"[5]

【朱子集注】

[1] 几，期也。《诗》曰："如几如式。"言一言之间，未可以如此而必期其效。

[2] 易，去声。○当时有此言也。

[3] 因此言而知为君之难，则必战战兢兢，临深履薄，而无一事之敢忽。然则此言也，岂不可以必期于兴邦乎？为定公言，故不及臣也。

[4] 丧，去声，下同。乐，音洛。○言他无所乐，惟乐此耳。

[5] 范氏曰："言不善而莫之违，则忠言不至于耳。君日骄而臣日谄，未有不丧邦者也。"○谢氏曰："知为君之难，则必敬谨以持之。惟其言而莫予违，则谗谄面谀之人至矣。邦未必遽兴丧也，而兴丧之源分于此。然此非识微之君子，何足以知之？"

叶公问政。[1]子曰："近者说，远者来。"[2]

【朱子集注】

[1] 音义并见第七篇。

[2] 说，音悦。○被其泽则悦，闻其风则来。然必近者悦，而后远者来也。

子夏为莒父宰，问政。子曰："无欲速，无见小利。欲速则不达，见小利则大事不成。"[1]

【朱子集注】

[1] 父，音甫。○莒父，鲁邑名。欲事之速成，则急遽无序，而反不达。见小者之为利，则所就者小，而所失者大矣。○程子曰："子张问政，

子曰：'居之无倦，行之以忠。'子夏问政，子曰：'无欲速，无见小利。'子张常过高而未仁，子夏之病常在近小，故各以切己之事告之。"

叶公语孔子曰："吾党有直躬者，其父攘羊，而子证之。"[1]孔子曰："吾党之直者异于是：父为子隐，子为父隐，直在其中矣。"[2]

【朱子集注】

[1]语，去声。○直躬，直身而行者。有因而盗曰攘。

[2]为，去声。○父子相隐，天理人情之至也。故不求为直，而直在其中。○谢氏曰："顺理为直。父不为子隐，子不为父隐，于理顺邪？瞽瞍杀人，舜窃负而逃，遵海滨而处。当是时，爱亲之心胜，其于直不直，何暇计哉？"

樊迟问仁。子曰："居处恭，执事敬，与人忠。虽之夷狄，不可弃也。"[1]

【朱子集注】

[1]恭主容，敬主事。恭见于外，敬主乎中。之夷狄不可弃，勉其固守而勿失也。○程子曰："此是彻上彻下语。圣人初无二语也，充之则晬面盎背，推而达之则笃恭而天下平矣。"○胡氏曰："樊迟问仁者三：此最先，先难次之，爱人其最后乎？"

子贡问曰："何如斯可谓之士矣？"子曰："行己有耻，使于四方，不辱君命，可谓士矣。"[1]曰："敢问其次。"曰："宗族称孝焉，乡党称弟焉。"[2]曰："敢问其次。"曰："言必信，行必果,硁硁然小人哉!抑亦可以为次矣。"[3]曰:"今之从政者何如?"子曰:"噫!斗筲之人,何足算也。"[4]

【朱子集注】

[1]使,去声。○此其志有所不为,而其材足以有为者也。子贡能言,故以使事告之。盖为使之难,不独贵于能言而已。

[2]弟,去声。○此本立而材不足者,故为其次。

[3]行,去声。硁,苦耕反。○果,必行也。硁,小石之坚确者。小人,言其识量之浅狭也。此其本末皆无足观,然亦不害其为自守也,故圣人犹有取焉。下此则市井之人,不复可为士矣。

[4]筲,所交反。算,亦作筭,悉乱反。○今之从政者,盖如鲁三家之属。噫,心不平声。斗,量名,容十升。筲,竹器,容斗二升。斗筲之人,言鄙细也。算,数也。子贡之问每下,故夫子以是警之。○程子曰:"子贡之意,盖欲为皎皎之行,闻于人者。夫子告之,皆笃实自得之事。"

子曰:"不得中行而与之,必也狂狷乎!狂者进取,狷者有所不为也。"[1]

【朱子集注】

[1]狷,音绢。○行,道也。狂者,志极高而行不掩。狷者,知未及而守有余。盖圣人本欲得中道之人而教之,然既不可得,而徒得谨厚之人,则未必能自振拔而有为也。故不若得此狂狷之人,犹可因其志节,而激厉裁抑之以进于道,非与其终于此而已也。○孟子曰:"孔子岂不欲中道哉?不可必得,故思其次。如琴张、曾皙、牧皮者,孔子之所谓狂也。其志嘐嘐然,曰:'古之人!古之人!'夷考其行而不掩焉者也。狂者又不可得,欲得不屑不洁之士而与之,是狷也,是又其次也。"

子曰:"南人有言曰:'人而无恒,不可以作巫医。'善夫!"[1]"不恒其德,或承之羞。"[2]子曰:"不占而已矣。"[3]

【朱子集注】

[1]恒,胡登反。夫,音扶。○南人,南国之人。恒,常久也。巫所以交鬼神,医所以寄死生,故虽贱役,而尤不可以无常,孔子称其言而善之。

[2]此《易·恒卦》九三《爻辞》。承,进也。

[3]复加"子曰",以别《易》文也,其义未详。杨氏曰:"君子于《易》苟玩其占,则知无常之取羞矣。其为无常也,盖亦不占而已矣。"意亦略通。

子曰:"君子和而不同,小人同而不和。"[1]

【朱子集注】

[1]和者,无乖戾之心。同者,有阿比之意。○尹氏曰:"君子尚义,故有不同。小人尚利,安得而和?"

子贡问曰:"乡人皆好之,何如?"子曰:"未可也。""乡人皆恶之,何如?"子曰:"未可也。不如乡人之善者好之,其不善者恶之。"[1]

【朱子集注】

[1]好、恶,并去声。○一乡之人,宜有公论矣,然其间亦各以类自为好恶也。故善者好之而恶者不恶,则必其有苟合之行。恶者恶之而善者不好,则必其无可好之实。

子曰："君子易事而难说也：说之不以道，不说也；及其使人也，器之。小人难事而易说也：说之虽不以道，说也；及其使人也，求备焉。"[1]

【朱子集注】

[1] 易，去声。说，音悦。○器之，谓随其材器而使之也。君子之心公而恕，小人之心私而刻。天理人欲之间，每相反而已矣。

子曰："君子泰而不骄，小人骄而不泰。"[1]

【朱子集注】

[1] 君子循理，故安舒而不矜肆。小人逞欲，故反是。

子曰："刚、毅、木、讷，近仁。"[1]

【朱子集注】

[1] 程子曰："木者，质朴。讷者，迟钝。四者，质之近乎仁者也。"○杨氏曰："刚、毅则不屈于物欲，木、讷则不至于外驰，故近仁。"

子路问曰："何如斯可谓之士矣？"子曰："切切、偲偲，怡怡如也，可谓士矣。朋友切切、偲偲，兄弟怡怡。"[1]

【朱子集注】

[1] 胡氏曰："切切，恳到也。偲偲，详勉也。怡怡，和说也。皆子路所不足，故告之。又恐其混于所施，则兄弟有贼恩之祸，朋友有善柔之损，故又别而言之。"

子曰:"善人教民七年,亦可以即戎矣。"[1]

【朱子集注】

[1] 教民者,教之孝悌忠信之行,务农讲武之法。即,就也。戎,兵也。民知亲其上,死其长,故可以即戎。〇程子曰:"七年云者,圣人度其时可矣。如云期月、三年、百年、一世、大国五年、小国七年之类,皆当思其作为如何乃有益。"

子曰:"以不教民战,是谓弃之。"[1]

【朱子集注】

[1] 以,用也。言用不教之民以战,必有败亡之祸,是弃其民也。

宪问第十四

宪问耻。子曰："邦有道,谷;邦无道,谷,耻也。"[1]

【朱子集注】

[1]宪,原思名。谷,禄也。邦有道不能有为,邦无道不能独善,而但知食禄,皆可耻也。宪之狷介,其于"邦无道,谷"之可耻,固知之矣;至于"邦有道,谷"之可耻,则未必知也。故夫子因其问而并言之,以广其志,使知所以自勉而进于有为也。

"克、伐、怨、欲不行焉,可以为仁矣?"[1]子曰:"可以为难矣,仁则吾不知也。"[2]

【朱子集注】

[1]此亦原宪以其所能而问也。克,好胜。伐,自矜。怨,忿恨。欲,贪欲。

[2]有是四者而能制之,使不得行,可谓难矣。仁则天理浑然,自无四者之累,不行不足以言之也。○程子曰:"人而无克、伐、怨、欲,惟仁者能之。有之而能制其情,使不行,斯亦难能也。谓之仁则未也。此圣人开示之深,惜乎宪之不能再问也。"或曰:"四者不行,固不得为仁矣。然亦岂非所谓克己之事,求仁之方乎?"曰:"克去己私以复乎礼,则私欲不留,而天理之本然者得矣。若但制而不行,则是未有拔去病根之意,而容其潜藏隐伏于胸中也。岂克己求仁之谓哉? 学者察于二者之间,则其所以求仁之功,益亲切而无渗漏矣。"

子曰:"士而怀居,不足以为士矣。"[1]

【朱子集注】

[1]居,谓意所便安处也。

子曰:"邦有道,危言危行;邦无道,危行言孙。"[1]

【朱子集注】

[1]行、孙,并去声。○危,高峻也。孙,卑顺也。尹氏曰:"君子之持身不可变也,至于言则有时而不敢尽,以避祸也。然则为国者使士言孙,岂不殆哉?"

子曰:"有德者必有言,有言者不必有德;仁者必有勇,勇者不必有仁。"[1]

【朱子集注】

[1]有德者,和顺积中,英华发外。能言者,或便佞口给而已。仁者,心无私累,见义必为。勇者,或血气之强而已。○尹氏曰:"有德者必有言,徒能言者未必有德也。仁者志必勇,徒能勇者未必有仁也。"

南宫适问于孔子曰:"羿善射,奡荡舟,俱不得其死然。禹、稷躬稼,而有天下。"夫子不答。南宫适出,子曰:"君子哉若人! 尚德哉若人!"[1]

【朱子集注】

[1]适,古活反。羿,音诣。奡,五报反。荡,土浪反。○南宫适,即

南容也。羿，有穷之君，善射，灭夏后相而篡其位。其臣寒浞又杀羿而代之。奡，《春秋传》作"浇"，浞之子也，力能陆地行舟，后为夏后少康所诛。禹平水土暨稷播种，身亲稼穑之事。禹受舜禅而有天下，稷之后至周武王亦有天下。适之意，盖以羿、奡比当世之有权力者，而以禹、稷比孔子也。故孔子不答。然适之言如此，可谓君子之人，而有尚德之心矣，不可以不与。故俟其出而赞美之。

子曰："君子而不仁者有矣，夫未有小人而仁者也。"[1]

【朱子集注】

[1] 夫，音扶。○谢氏曰："君子志于仁矣，然毫忽之间，心不在焉，则未免为不仁也。"

子曰："爱之，能勿劳乎？忠焉，能勿诲乎？"[1]

【朱子集注】

[1] 苏氏曰："爱而勿劳，禽犊之爱也。忠而勿诲，妇寺之忠也。爱而知劳之，则其为爱也深矣。忠而知诲之，则其为忠也大矣。"

子曰："为命，裨谌草创之，世叔讨论之，行人子羽修饰之，东里子产润色之。"[1]

【朱子集注】

[1] 裨，婢之反。谌，时林反。○裨谌以下四人，皆郑大夫。草，略也。创，造也，谓造为草稿也。世叔，游吉也，《春秋传》作子太叔。讨，寻究也。论，讲议也，行人，掌使之官。子羽，公孙挥也。修饰，谓增损之。

东里，地名，子产所居也。润色，谓加以文采也。郑国之为辞命，必更此四贤之手而成，详审精密，各尽所长。是以应对诸侯，鲜有败事。孔子言此，盖善之也。

或问子产。子曰："惠人也。"[1]问子西。曰："彼哉！彼哉！"[2]问管仲。曰："人也。夺伯氏骈邑三百，饭疏食，没齿无怨言。"[3]

【朱子集注】

[1] 子产之政，不专于宽，然其心则一以爱人为主。故孔子以为惠人，盖举其重而言也。

[2] 子西，楚公子申，能逊楚国，立昭王，而改纪其政，亦贤大夫也。然不能革其僭王之号。昭王欲用孔子，又沮止之。其后卒召白公以致祸乱，则其为人可知矣。彼哉者，外之之辞。

[3] 人也，犹言此人也。伯氏，齐大夫。骈邑，地名。齿，年也。盖威公夺伯氏之邑以与管仲，伯氏自知己罪，而心服管仲之功，故穷约以终身而无怨言。荀卿所谓"与之书社三百，而富人莫之敢拒"者，即此事也。○或问："管仲、子产孰优？"曰："管仲之德，不胜其才。子产之才，不胜其德。然于圣人之学，则概乎其未有闻也。"

子曰："贫而无怨难，富而无骄易。"[1]

【朱子集注】

[1] 易，去声。○处贫难，处富易，人之常情。然人当勉其难，而不可忽其易也。

子曰："孟公绰为赵、魏老则优，不可以为滕、薛大夫。"[1]

【朱子集注】

[1] 公绰,鲁大夫。赵、魏,晋卿之家。老,家臣之长。大家势重,而无诸侯之事;家老望尊,而无官守之责。优,有余也。滕、薛,二国名。大夫,任国政者。滕、薛国小政繁,大夫位高责重。然则公绰盖廉静寡欲,而短于才也。○杨氏曰:"知之弗豫,枉其才而用之,则为弃人矣。此君子所以患不知人也。言此,则孔子之用人可知矣。"

子路问成人。子曰:"若臧武仲之知,公绰之不欲,卞庄子之勇,冉求之艺,文之以礼乐,亦可以为成人矣。"[1]曰:"今之成人者何必然?见利思义,见危授命,久要不忘平生之言,亦可以为成人矣。"[2]

【朱子集注】

[1] 知,去声。○成人,犹言全人。武仲,鲁大夫,名纥。庄子,鲁卞邑大夫。言兼此四子之长,则知足以穷理,廉足以养心,勇足以力行,艺足以泛应。而又节之以礼,和之以乐,使德成于内,而文见乎外。则材全德备,浑然不见一善成名之迹;中正和乐,粹然无复偏倚驳杂之蔽,而其为人也亦成矣。然"亦"之为言,非其至者,盖就子路之所可及而语之也。若论其至,则非圣人之尽人道,不足以语此。

[2] 复加"曰"字者,既答而复言也。授命,言不爱其生,持以与人也。久要,旧约也。平生,平日也。有是忠信之实,则虽其才知礼乐有所未备,亦可以为成人之次也。○程子曰:"知之明,信之笃,行之果,天下之达德也。若孔子所谓成人,亦不出此三者。武仲,知也;公绰,仁也;卞庄子,勇也;冉求,艺也。须是合此四人之能,文之以礼乐,亦可以为成人矣。然而论其大成,则不止于此。若今之成人,有忠信而不及于礼乐,则

又其次者也。"又曰:"臧武仲之知,非正也。若文之以礼乐,则无不正矣。"又曰:"语成人之名,非圣人孰能之? 孟子曰:'惟圣人然后可以践形。'如此方可以称成人之名。"〇胡氏曰:"今之成人以下,乃子路之言。盖不复闻斯行之之勇,而有终身诵之之固矣。未详是否。"

子问公叔文子于公明贾曰:"信乎夫子不言、不笑、不取乎?"[1]公明贾对曰:"以告者过也。夫子时然后言,人不厌其言;乐然后笑,人不厌其笑;义然后取,人不厌其取。"子曰:"其然,岂其然乎?"[2]

【朱子集注】

[1]公叔文子,卫大夫公孙拔也。公明,姓;贾,名;亦卫人。文子为人,其详不可知,然必廉静之士,故当时以三者称之。

[2]厌者,苦其多而恶之之辞。事适其可,则人不厌,而不觉其有是矣。是以称之或过,而以为不言、不笑、不取也。然此言也,非礼义充溢于中,得时措之宜者不能。文子虽贤,疑未及此,但君子与人为善,不欲正言其非也。故曰:"其然,岂其然乎?"盖疑之也。

子曰:"臧武仲以防求为后于鲁,虽曰不要君,吾不信也。"[1]

【朱子集注】

[1]要,平声。〇防,地名,武仲所封邑也。要,有挟而求也。武仲得罪奔邾,自邾如防,使请立后而避邑,以示若不得请,则将据邑以叛,是要君也。范氏曰:"要君者无上,罪之大者也。武仲之邑,受之于君。得罪出奔,则立后在君,非己所得专也。而据邑以请,由其好智而不好学

也。"杨氏曰:"武仲卑辞请后,其迹非要君者,而意实要之。夫子之言,亦《春秋》诛意之法也。"

子曰:"晋文公谲而不正,齐桓公正而不谲。"[1]

【朱子集注】

[1]谲,古穴反。○晋文公,名重耳。齐桓公,名小白。谲,诡也。二公皆诸侯盟主,攘夷狄以尊周室者也。虽其以力假仁,心皆不正,然桓公伐楚,仗义执言,不由诡道,犹为彼善于此。文公则伐卫以致楚,而阴谋以取胜,其谲甚矣。二君他事亦多类此,故夫子言此以发其隐。

子路曰:"桓公杀公子纠,召忽死之,管仲不死。"曰:"未仁乎?"[1]子曰:"桓公九合诸侯,不以兵车,管仲之力也。如其仁! 如其仁!"[2]

【朱子集注】

[1]纠,居黝反。召,音邵。○按《春秋传》,齐襄公无道,鲍叔牙奉公子小白奔莒。及无知弑襄公,管夷吾、召忽奉公子纠奔鲁。鲁人纳之,未克,而小白入,是为桓公。使鲁杀子纠而请管、召,召忽死之,管仲请囚。鲍叔牙言于桓公以为相。子路疑管仲忘君事仇,忍心害理,不得为仁也。

[2]九,《春秋传》作纠,督也,古字通用。不以兵车,言不假威力也。如其仁,言谁如其仁者,又再言以深许之。盖管仲虽未得为仁人,而其利泽及人,则有仁之功矣。

子贡曰:"管仲非仁者与? 桓公杀公子纠,不能死,又相之。"[1]子曰："管仲相桓公，霸诸侯，一匡天下，民到于今受其赐。微管仲，吾其被发左衽矣。[2]岂若匹夫匹妇之为谅也，自经于沟渎而莫之知也。"[3]

【朱子集注】

[1]与，平声。相，去声。○子贡意不死犹可，相之则已甚矣。

[2]被，皮寄反。衽，而审反。○霸，与伯同，长也。匡，正也。尊周室，攘夷狄，皆所以正天下也。微，无也。衽，衣衿也。被发左衽，夷狄之俗也。

[3]谅，小信也。经，缢也。莫之知，人不知也。《后汉书》引此文，"莫"字上有"人"字。○程子曰："桓公，兄也。子纠，弟也。仲私于所事，辅之以争国，非义也。桓公杀之虽过，而纠之死实当。仲始与之同谋，遂与之同死，可也；知辅之争为不义，将自免以图后功，亦可也。故圣人不责其死而称其功。若使桓弟而纠兄，管仲所辅者正，桓夺其国而杀之，则管仲之与桓，不可同世之仇也。若计其后功而与其事桓，圣人之言，无乃害义之甚，启万世反覆不忠之乱乎？如唐之王珪、魏徵，不死建成之难，而从太宗，可谓害于义矣。后虽有功，何足赎哉？"愚谓管仲有功而无罪，故圣人独称其功；王、魏先有罪而后有功，则不以相掩可也。

公叔文子之臣大夫僎，与文子同升诸公。[1]子闻之曰："可以为文矣。"[2]

【朱子集注】

[1]僎，士免反。○臣，家臣。公，公朝。谓荐之与己同进为公朝之臣也。

[2]文者，顺理而成章之谓。《谥法》亦有所谓"锡民爵位曰文"者。○洪氏曰："家臣之贱而引之使与己并，有三善焉：知人，一也；忘己，二

也;事君,三也。"

子言卫灵公之无道也,康子曰:"夫如是,奚而不丧?"[1]
孔子曰:"仲叔圉治宾客,祝鮀治宗庙,王孙贾治军旅。夫如
是,奚其丧?"[2]

【朱子集注】

　　[1] 夫,音扶。丧,去声。○丧,失位也。

　　[2] 仲叔圉,即孔文子也。三人皆卫臣,虽未必贤,而其才可用。灵
公用之,又各当其才。○尹氏曰:"卫灵公之无道,宜丧也,而能用此三
人,犹足以保其国。而况有道之君,能用天下之贤才者乎?《诗》曰:'无
竞维人,四方其训之。'"

子曰:"其言之不怍,则为之也难。"[1]

【朱子集注】

　　[1] 大言不惭,则无必为之志,而不自度其能否矣。欲践其言,岂不
难哉?

陈成子弑简公。[1]孔子沐浴而朝,告于哀公曰:"陈恒弑
其君,请讨之。"[2]公曰:"告夫三子!"[3]孔子曰:"以吾从大
夫之后,不敢不告也。君曰告夫三子者。"[4]之三子告,不
可。孔子曰:"以吾从大夫之后,不敢不告也。"[5]

【朱子集注】

　　[1] 成子,齐大夫,名恒。简公,齐君,名壬。事在《春秋》哀公

十四年。

[2] 朝,音潮。○是时孔子致仕居鲁,沐浴齐戒以告君,重其事而不敢忽也。臣弑其君,人伦之大变,天理所不容,人人得而诛之,况邻国乎?故夫子虽已告老,而犹请哀公讨之。

[3] 夫,音扶,下"告夫"同。○三子,三家也。时政在三家,哀公不得自专,故使孔子告之。

[4] 孔子出而自言如此。意谓弑君之贼,法所必讨,大夫谋国,义所当告,君乃不能自命三子,而使我告之邪?

[5] 以君命往告,而三子鲁之强臣,素有无君之心,实与陈氏声势相倚,故沮其谋。而夫子复以此应之,其所以警之者深矣。○程子曰:"左氏记孔子之言曰:'陈恒弑其君,民之不予者半。以鲁之众,加齐之半,可克也。'此非孔子之言。诚若此言,是以力不以义也。若孔子之志,必将正名其罪,上告天子,下告方伯,而率与国以讨之。至于所以胜齐者,孔子之余事也,岂计鲁人之众寡哉? 当是时,天下之乱极矣,因是足以正之,周室其复兴乎? 鲁之君臣,终不从之,可胜惜哉!"胡氏曰:"《春秋》之法:弑君之贼,人得而讨之。仲尼此举,先发后闻可也。"

子路问事君。子曰:"勿欺也,而犯之。"[1]

【朱子集注】

[1] 犯,谓犯颜谏争。○范氏曰:"犯非子路之所难也,而以不欺为难。故夫子教以先勿欺而后犯也。"

子曰:"君子上达,小人下达。"[1]

【朱子集注】

[1] 君子循天理,故日进乎高明;小人徇人欲,故日究乎污下。

子曰:"古之学者为己,今之学者为人。"[1]

【朱子集注】

[1]为,去声。○程子曰:"为己,欲得之于己也。为人,欲见知于人也。"○程子曰:"古之学者为己,其终至于成物。今之学者为人,其终至于丧己。"愚按:圣贤论学者用心得失之际,其说多矣,然未有如此言之切而要者。于此明辨而日省之,则庶乎其不昧于所从矣。

蘧伯玉使人于孔子。[1]孔子与之坐而问焉,曰:"夫子何为?"对曰:"夫子欲寡其过而未能也。"使者出,子曰:"使乎!使乎!"[2]

【朱子集注】

[1]使,去声,下同。○蘧伯玉,卫大夫,名瑗。孔子居卫,尝主于其家。既而反鲁,故伯玉使人来也。

[2]与之坐,敬其主以及其使也。夫子,指伯玉也。言其但欲寡过而犹未能,则其省身克己,常若不及之意可见矣。使者之言愈自卑约,而其主之贤益彰,亦可谓深知君子之心而善于辞令者矣。故夫子再言"使乎"以重美之。按:庄周称"伯玉行年五十而知四十九年之非。"又曰:"伯玉行年六十而六十化。"盖其进德之功,老而不倦。是以践履笃实,光辉宣著,不惟使者知之,而夫子亦信之也。

子曰:"不在其位,不谋其政。"[1]

【朱子集注】

[1]重出。

曾子曰:"君子思不出其位。"[1]

【朱子集注】

[1]此《艮卦》之《象辞》也。曾子盖尝称之,记者因上章之语而类记之也。〇范氏曰:"物各止其所,而天下之理得矣。故君子所思不出其位,而君臣、上下、大小,皆得其职也。"

子曰:"君子耻其言而过其行。"[1]

【朱子集注】

[1]行,去声。〇耻者,不敢尽之意。过者,欲有余之辞。

子曰:"君子道者三,我无能焉:仁者不忧,知者不惑,勇者不惧。"[1]子贡曰:"夫子自道也。"[2]

【朱子集注】

[1]知,去声。〇自责以勉人也。

[2]道,言也。自道,犹云谦辞。〇尹氏曰:"成德以仁为先,进学以知为先。故夫子之言,其序有不同者以此。"

子贡方人。子曰:"赐也贤乎哉? 夫我则不暇。"[1]

【朱子集注】

[1]夫,音扶。〇方,比也。乎哉,疑辞。比方人物而较其短长,虽亦穷理之事,然专务为此,则心驰于外,而所以自治者疏矣。故褒之而疑其辞,复自贬以深抑之。〇谢氏曰:"圣人责人,辞不迫切而意已独

至如此。”

子曰：“不患人之不己知，患其不能也。”[1]

【朱子集注】

[1] 凡章指同而文不异者，一言而重出也。文小异者，屡言而各出也。此章凡四见，而文皆有异，则圣人于此一事，盖屡言之，其丁宁之意亦可见矣。

子曰：“不逆诈，不亿不信，抑亦先觉者，是贤乎！”[1]

【朱子集注】

[1] 逆，未至而迎之也。亿，未见而意之也。诈，谓人欺己。不信，谓人疑己。抑，反语辞。言虽不逆不亿，而于人之情伪，自然先觉，乃为贤也。○杨氏曰：“君子一于诚而已，然未有诚而不明者。故虽不逆诈、不亿不信，而常先觉也。若夫不逆不亿而卒为小人所罔焉，斯亦不足观也已。”

微生亩谓孔子曰：“丘何为是栖栖者与？无乃为佞乎？”[1]孔子曰：“非敢为佞也，疾固也。”[2]

【朱子集注】

[1] 与，平声。○微生，姓；亩，名也。亩名呼夫子而辞甚倨，盖有齿德而隐者。栖栖，依依也。为佞，言其务为口给以悦人也。

[2] 疾，恶也。固，执一而不通也。圣人之于达尊，礼恭而言直如此，其警之亦深矣。

子曰:"骥不称其力,称其德也。"[1]

【朱子集注】

[1] 骥,善马之名。德,谓调良也。○尹氏曰:"骥虽有力,其称在德。人有才而无德,则亦奚足尚哉?"

或曰:"以德报怨,何如?"[1]子曰:"何以报德?"[2]以直报怨,以德报德。"[3]

【朱子集注】

[1] 或人所称,今见《老子》书。德,谓恩惠也。

[2] 言于其所怨,既以德报之矣,则人之有德于我者,又将何以报之乎?

[3] 于其所怨者,爱憎取舍,一以至公而无私,所谓直也。于其所德者,则必以德报之,不可忘也。○或人之言,可谓厚矣。然以圣人之言观之,则见其出于有意之私,而怨德之报皆不得其平也。必如夫子之言,然后二者之报各得其所。然怨有不雠,而德无不报,则又未尝不厚也。此章之言,明白简约,而其指意曲折反复,如造化之简易易知,而微妙无穷,学者所宜详玩也。

子曰:"莫我知也夫!"[1]子贡曰:"何为其莫知子也?"子曰:"不怨天,不尤人,下学而上达。知我者其天乎!"[2]

【朱子集注】

[1] 夫,音扶。○夫子自叹,以发子贡之问也。

[2] 不得于天而不怨天,不合于人而不尤人,但知下学而自然上达。

此但自言其反己自修，循序渐进耳，无以甚异于人而致其知也。然深味其语意，则见其中自有人不及知而天独知之之妙。盖在孔门，惟子贡之智几足以及此，故特语以发之。惜乎其犹有所未达也！○程子曰："不怨天，不尤人，在理当如此。"又曰："下学上达，意在言表。"又曰："学者须守下学上达之语，乃学之要。盖凡下学人事，便是上达天理。然习而不察，则亦不能以上达矣。"

公伯寮愬子路于季孙。子服景伯以告，曰："夫子固有惑志于公伯寮，吾力犹能肆诸市朝。"[1] 子曰："道之将行也与？命也。道之将废也与？命也。公伯寮其如命何！"[2]

【朱子集注】

[1] 朝，音潮。○公伯寮，鲁人。子服，氏；景，谥；伯，字。鲁大夫子服何也。夫子，指季孙。言其有疑于寮之言也。肆，陈尸也。言欲诛寮。

[2] 与，平声。○谢氏曰："虽寮之愬行，亦命也。其实寮无如之何？"愚谓言此以晓景伯，安子路，而警伯寮耳。圣人于利害之际，则不待决于命而后泰然也。

子曰："贤者辟世，[1] 其次辟地，[2] 其次辟色，[3] 其次辟言。"[4]

【朱子集注】

[1] 辟，去声，下同。○天下无道而隐，若伯夷、太公是也。

[2] 去乱国，适治邦。

[3] 礼貌衰而去。

[4] 有违言而后去也。○程子曰："四者虽以大小次第言之，然非有优劣也，所遇不同尔。"

子曰:"作者七人矣。"[1]

【朱子集注】

[1] 李氏曰:"作,起也。言起而隐去者,今七人矣。不可知其谁何。必求其人以实之,则凿矣。"

子路宿于石门。晨门曰:"奚自?"子路曰:"自孔氏。"曰:"是知其不可而为之者与?"[1]

【朱子集注】

[1] 举,平声。〇石门,地名。晨门,掌晨启门,盖贤人隐于抱关者也。自,从也,问其何所从来也。胡氏曰:"晨门知世之不可而不为,故以是讥孔子。然不知圣人之视天下,无不可为之时也。"

子击磬于卫,有荷蒉而过孔氏之门者,曰:"有心哉!击磬乎!"[1]既而曰:"鄙哉!硁硁乎!莫己知也,斯己而已矣。深则厉,浅则揭。"[2]子曰:"果哉!末之难矣。"[3]

【朱子集注】

[1] 荷,去声。〇磬,乐器。荷,担也。蒉,草器也。此荷蒉者,亦隐士也。圣人之心未尝忘天下,此人闻其磬声而知之,则亦非常人矣。

[2] 硁,苦耕反。莫己之己,音纪,余音以。揭,起例反。〇硁硁,石声,亦专确之意。以衣涉水曰厉,摄衣涉水曰揭。此两句,《卫风·匏有苦叶》之诗也。讥孔子人不知己而不止,不能适浅深之宜。

[3] 果哉,叹其果于忘世也。末,无也。圣人心同天地,视天下犹一家,中国犹一人,不能一日忘也。故闻荷蒉之言,而叹其果于忘世。且言

人之出处,若但如此,则亦无所难矣。

子张曰:"《书》云:'高宗谅阴,三年不言。'何谓也?"[1]
子曰:"何必高宗,古之人皆然。君薨,百官总己以听于冢宰
三年。"[2]

【朱子集注】

[1] 高宗,商王武丁也。谅阴,天子居丧之名,未详其义。

[2] 言君薨,则诸侯亦然。总己,谓总摄己职。冢宰,大宰也。百官
听于冢宰,故君得以三年不言也。○胡氏曰:"位有贵贱,而生于父母无
以异者。故三年之丧,自天子达于庶人。子张非疑此也,殆以为人君三
年不言,则臣下无所禀令,祸乱或由以起也。孔子告以听于冢宰,则祸乱
非所忧矣。"

子曰:"上好礼,则民易使也。"[1]

【朱子集注】

[1] 好、易,皆去声。○谢氏曰:"礼达而分定,故民易使。"

子路问君子。子曰:"修己以敬。"曰:"如斯而已乎?"
曰:"修己以安人。"曰:"如斯而已乎?"曰:"修己以安百姓。
修己以安百姓,尧、舜其犹病诸!"[1]

【朱子集注】

[1] 修己以敬,夫子之言至矣尽矣。而子路少之,故再以其充积之
盛、自然及物者告之,无他道也。人者,对己而言。百姓,则尽乎人矣。

尧、舜犹病,言不可以有加于此。以抑子路,使反求诸近也。盖圣人之心无穷,世虽极治,然岂能必知四海之内,果无一物不得其所哉?故尧、舜犹以安百姓为病。若曰吾治已足,则非所以为圣人矣。○程子曰:"君子修己以安百姓,笃恭而天下平。唯上下一于恭敬,则天地自位,万物自育,气无不和,而四灵毕至矣。此体信达顺之道,聪明睿知皆由是出。以此事天飨帝。"

原壤夷俟。子曰:"幼而不孙弟,长而无述焉,老而不死,是为贼!"以杖叩其胫。[1]

【朱子集注】

[1] 孙、弟,并去声。长,上声。叩,音口。胫,其定反。○原壤,孔子之故人,母死而歌,盖老氏之流,自放于礼法之外者。夷,蹲踞也。俟,待也。言见孔子来而蹲踞以待之也。述,犹称也。贼者,害人之名。以其自幼至长,无一善状,而久生于世,徒足以败常乱俗,则是贼而已矣。胫,足骨也。孔子既责之,而因以所曳之杖微击其胫,若使勿蹲踞然。

阙党童子将命。或问之曰:"益者与?"[1]子曰:"吾见其居于位也,见其与先生并行也。非求益者也,欲速成者也。"[2]

【朱子集注】

[1] 与,平声。○阙党,党名。童子,未冠者之称。将命,谓传宾主之言。或人疑此童子学有进益,故孔子使之传命以宠异之也。

[2] 礼,童子当隅坐随行。孔子言吾见此童子不循此礼,非能求益,但欲速成尔。故使之给使令之役,观长少之序,习揖逊之容。盖所以抑而教之,非宠而异之也。

卫灵公第十五

卫灵公问陈于孔子。孔子对曰："俎豆之事,则尝闻之矣;军旅之事,未之学也。"明日遂行。[1]在陈绝粮,从者病,莫能兴。[2]子路愠见,曰："君子亦有穷乎?"子曰："君子固穷,小人穷斯滥矣。"[3]

【朱子集注】

[1]陈,去声。○陈,谓军师行伍之列。俎豆,礼器。尹氏曰:"卫灵公,无道之君也,复有志于战伐之事,故答以未学而去之。

[2]从,去声。○孔子去卫适陈。兴,起也。

[3]见,贤遍反。○何氏曰:"滥,溢也。言君子固有穷时,不若小人穷则放溢为非。"程子曰:"固穷者,固守其穷。"亦通。○愚谓圣人当行而行,无所顾虑,处困而亨,无所怨悔,于此可见。学者宜深味之。

子曰："赐也,女以予为多学而识之者与?"[1]对曰："然。非与?"[2]曰:"非也。予一以贯之。"[3]

【朱子集注】

[1]女,音汝。识,音志。与,平声,下同。○子贡之学,多而能识矣。夫子欲其知所本也,故问以发之。

[2]方信而忽疑,盖其积学功至,而亦将有得也。

[3]说见第四篇。然彼以行言,而此以知言也。○谢氏曰:"圣人之道大矣,人不能遍观而尽识,宜其以为多学而识之也。然圣人岂务博者哉?如天之于众形,匪物物刻而雕之也。故曰:'予一以贯之。''德輶如毛,毛犹有伦。上天之载,无声无臭。'至矣!"尹氏曰:"孔子之于曾子,不待其问而直告之以此,曾子复深谕之曰'唯'。若子贡,则先发其疑而后告之,而子贡终亦不能如曾子之'唯'也。二子所学之浅深,于此可见。"愚按:夫子之于子贡,屡有以发之,而他人不与焉。则颜、曾以下诸子所学之浅深,又可见矣。

子曰:"由!知德者鲜矣。"[1]

【朱子集注】

[1]鲜,上声。○由,呼子路之名而告之也。德,谓义理之得于己者。非己有之,不能知其意味之实也。○自第一章至此,疑皆一时之言。此章盖为愠见发也。

子曰:"无为而治者,其舜也与?夫何为哉?恭己正南面而已矣。"[1]

【朱子集注】

[1]与,平声。夫,音扶。○无为而治者,圣人德盛而民化,不待其有所作为也。独称舜者,绍尧之后,而又得人以任众职,故尤不见其有为之迹也。恭己者,圣人敬德之容。即无所为,则人之所见如此而已。

子张问行。[1]子曰:"言忠信,行笃敬,虽蛮貊之邦行矣;言不忠信,行不笃敬,虽州里行乎哉?[2]立,则见其参于前也;在舆,则见其倚于衡也。夫然后行。"[3] 子张书诸绅。[4]

【朱子集注】

[1] 犹问达之意也。

[2] 行笃、行不之行,去声。貊,亡百反。○子张意在得行于外,故夫子反于身而言之,犹答干禄问达之意也。笃,厚也。蛮,南蛮。貊,北狄。二千五百家为州。

[3] 参,七南反。夫,音扶。○其者,指忠信、笃敬而言。参,读如"毋往参焉"之"参",言与我相参也。衡。轭也。言其于忠信、笃敬念念不忘,随其所在,常若有见,虽欲顷刻离之而不可得。然后一言一行,自然不离于忠信、笃敬,而蛮貊可行也。

[4] 绅,大带之垂者。书之,欲其不忘也。○程子曰:"学要鞭辟近里,著己而已。博学而笃志,切问而近思;言忠信,行笃敬;立则见其参于前,在舆则见其倚于衡;只此是学。质美者明得尽,查滓便浑化,却与天地同体。其次惟庄敬以持养之,及其至则一也。"

子曰:"直哉史鱼! 邦有道,如矢;邦无道,如矢。[1] 君子哉蘧伯玉! 邦有道,则仕;邦无道,则可卷而怀之。"[2]

【朱子集注】

[1] 史,官名。鱼,卫大夫,名鰌。如矢,言直也。史鱼自以不能进贤退不肖,既死犹以尸谏,故夫子称其直。事见《家语》。

[2] 伯玉出处,合于圣人之道,故曰君子。卷,收也。怀,藏也。如于孙林父、宁殖放弑之谋,不对而出,亦其事也。○杨氏曰:"史鱼之直,未尽君子之道。若蘧伯玉,然后可免于乱世。若史鱼之如矢,则虽欲卷而怀之,有不可得也。"

子曰:"可与言而不与之言,失人;不可与言而与之言,失言。知者不失人,亦不失言。"[1]

【朱子集注】

[1] 知,去声。

子曰:"志士仁人,无求生以害仁,有杀身以成仁。"[1]

【朱子集注】

[1] 志士,有志之士。仁人,则成德之人也。理当死而求生,则于其心有不安矣,是害其心之德也。当死而死,则心安而德全矣。○程子曰:"实理得之于心自别。实理者,实见得是,实见得非也。古人有捐躯陨命者,若不实见得,恶能如此?须是实见得生不重于义,生不安于死也。故有杀身以成仁者,只是成就一个是而已。"

子贡问为仁。子曰:"工欲善其事,必先利其器。居是邦也,事其大夫之贤者,友其士之仁者。"[1]

【朱子集注】

[1] 贤以事言,仁以德言。夫子尝谓子贡悦不若己者,故以是告之。欲其有所严惮切磋以成其德也。○程子曰:"子贡问为仁,非问仁也,故孔子告之以为仁之资而已。"

颜渊问为邦。[1]子曰:"行夏之时,[2]乘殷之辂,[3]服周之冕,[4]乐则《韶》、《舞》。[5]放郑声,远佞人。郑声淫,佞人殆。"[6]

【朱子集注】

[1] 颜子王佐之才,故问治天下之道。曰为邦者,谦辞。

[2] 夏时,谓以斗柄初昏建寅之月为岁首也。天开于子,地辟于丑,人生于寅,故斗柄建此三辰之月,皆可以为岁首。而三代迭用之,夏以寅为人正,商以丑为地正,周以子为天正也。然时以作事,则岁月自当以人为纪。故孔子尝曰"吾得夏时焉",而说者以为谓《夏小正》之属。盖取其时之正与其令之善,而于此又以告颜子也。

[3] 辂,音路,亦作路。○商辂,木辂也。辂者,大车之名。古者以木为车而已,至商而有辂之名,盖始异其制也。周人饰以金玉,则过侈而易败,不若商辂之朴素浑坚而等威已辨,为质而得其中也。

[4] 周冕有五,祭服之冠也。冠上有覆,前后有旒。黄帝以来,盖已有之,而制度仪等,至周始备。然其为物小,而加于众体之上,故虽华而不为靡,虽费而不及奢。夫子取之,盖亦以其为文而得其中也。

[5] 取其尽善尽美。

[6] 远,去声。○放,谓禁绝之。郑声,郑国之音。佞人,卑谄辩给之人。殆,危也。○程子曰:"问政多矣,惟颜渊告之以此。盖三代之制,皆因时损益,及其久也,不能无弊。周衰,圣人不作,故孔子斟酌先王之礼,立万世常行之道,发此以为之兆尔。由是求之,则余皆可考也。"张子曰:"礼乐,治之法也。放郑声,远佞人,法外意也。一日不谨,则法坏矣。虞、夏君臣更相饬戒,意盖如此。"又曰:"法立而能守,则德可久,业可大。郑声佞人,能使人丧其所守,故放远之。"尹氏曰:"此所谓百王不易之大法。孔子之作《春秋》,盖此意也。孔、颜虽不得行之于时,然其为治之法,可得而见矣。"

子曰:"人无远虑,必有近忧。"[1]

【朱子集注】

[1] 苏氏曰:"人之所履者,容足之外,皆为无用之地,而不可废也。

故虑不在千里之外,则患在几席之下矣。"

子曰:"已矣乎!吾未见好德如好色者也。"[1]

【朱子集注】

[1]好,去声。○已矣乎,叹其终不得而见也。

子曰:"臧文仲其窃位者与?知柳下惠之贤,而不与立也。"[1]

【朱子集注】

[1]者与之与,平声。○窃位,言不称其位而有愧于心,如盗得而阴据之也。柳下惠,鲁大夫展获,字禽,食邑柳下,谥曰惠。与立,谓与之并立于朝。范氏曰:"臧文仲为政于鲁,若不知贤,是不明也;知而不举,是蔽贤也。不明之罪小,蔽贤之罪大。故孔子以为不仁,又以为窃位。"

子曰:"躬自厚而薄责于人,则远怨矣。"[1]

【朱子集注】

[1]远,去声。○责己厚,故身益修;责人薄,故人易从。所以人不得而怨之。

子曰:"不曰'如之何,如之何'者,吾末如之何也已矣。"[1]

【朱子集注】

[1]"如之何,如之何"者,熟思而审处之辞也。不如是而妄行,虽圣

人亦无如之何矣。

子曰："群居终日，言不及义，好行小慧，难矣哉！"[1]

【朱子集注】

[1] 好，去声。○小慧，私智也。言不及义，则放辟邪侈之心滋。好行小慧，则行险侥幸之机熟。难矣哉者，言其无以入德，而将有患害也。

子曰："君子义以为质，礼以行之，孙以出之，信以成之。君子哉！"[1]

【朱子集注】

[1] 孙，去声。○义者制事之本，故以为质干。而行之必有节文，出之必以退逊，成之必在诚实，乃君子之道也。○程子曰："义以为质，如质干然；礼行此，孙出此，信成此。此四句只是一事，以义为本。"又曰："敬以直内，则义以方外。义以为质，则礼以行之，孙以出之，信以成之。"

子曰："君子病无能焉，不病人之不己知也。"

子曰："君子疾没世而名不称焉。"[1]

【朱子集注】

[1] 范氏曰："君子学以为己，不求人知。然没世而名不称焉，则无为善之实可知矣。"

子曰:"君子求诸己,小人求诸人。"[1]

【朱子集注】

[1] 谢氏曰:"君子无不反求诸己,小人反是。此君子小人所以分也。"○杨氏曰:"君子虽不病人之不己知,然亦疾没世而名不称也。虽疾没世而名不称,然所以求者,亦反诸己而已。小人求诸人,故违道干誉,无所不至。三者文不相蒙,而义实相足,亦记言者之意。"

子曰:"君子矜而不争,群而不党。"[1]

【朱子集注】

[1] 庄以持己曰矜。然无乖戾之心,故不争。和以处众曰群。然无阿比之意,故不党。

子曰:"君子不以言举人,不以人废言。"

子贡问曰:"有一言而可以终身行之者乎?"子曰:"其恕乎! 己所不欲,勿施于人。"[1]

【朱子集注】

[1] 推己及物,其施不穷,故可以终身行之。○尹氏曰:"学贵于知要。子贡之问,可谓知要矣。孔子告以求仁之方也。推而极之,虽圣人之无我,不出乎此。终身行之,不亦宜乎?"

子曰:"吾之于人也,谁毁谁誉? 如有所誉者,其有所试矣。[1]斯民也,三代之所以直道而行也。"[2]

【朱子集注】

[1] 誉,平声。○毁者,称人之恶而损其真。誉者,扬人之善而过其实。夫子无是也。然或有所誉者,则必尝有以试之,而知其将然矣。圣人善善之速,而无所苟如此。若其恶恶,则已缓矣。是以虽有以前知其恶,而终无所毁也。

[2] 斯民者,今此之人也。三代,夏、商、周也。直道,无私曲也。言吾之所以无所毁誉者,盖以此民,即三代之时所以善其善、恶其恶而无所私曲之民。故我今亦不得而枉其是非之实也。○尹氏曰:“孔子之于人也,岂有意于毁誉之哉? 其所以誉之者,盖试而知其美故也。斯民也,三代所以直道而行,岂得容私于其间哉?”

子曰:“吾犹及史之阙文也,有马者借人乘之。今亡矣夫!”[1]

【朱子集注】

[1] 夫,音扶。○杨氏曰:“史阙文、马借人,此二事孔子犹及见之。今亡已夫,悼时之益偷也。”愚谓此必有为而言。盖虽细故,而时变之大者可知矣。○胡氏曰:“此章义疑,不可强解。”

子曰:“巧言乱德,小不忍则乱大谋。”[1]

【朱子集注】

[1] 巧言,变乱是非,听之使人丧其所守。小不忍,如妇人之仁、匹夫之勇皆是。

子曰:“众恶之,必察焉;众好之,必察焉。”[1]

【朱子集注】

[1] 好、恶，并去声。○杨氏曰："惟仁者能好恶人。众好恶之而不察，则或蔽于私矣。"

子曰："人能弘道，非道弘人。"[1]

【朱子集注】

[1] 弘，廓而大之也。人外无道，道外无人。然人心有觉，而道体无为，故人能大其道，道不能大其人也。○张子曰："心能尽性，人能弘道也；性不知检其心，非道弘人也。"

子曰："过而不改，是谓过矣。"[1]

【朱子集注】

[1] 过而能改，则复于无过。惟不改，则其过遂成，而将不及改矣。

子曰："吾尝终日不食，终夜不寝，以思，[1]无益，[2]不如学也。"[3]

【朱子集注】

[1] 句。

[2] 句。

[3] 此为思而不学者言之。盖劳心以必求，不如逊志而自得也。李氏曰："夫子非思而不学者，特垂语以教人尔。"

子曰:"君子谋道不谋食。耕也,馁在其中矣;学也,禄在其中矣。君子忧道不忧贫。"[1]

【朱子集注】

[1]馁,奴罪反。○耕所以谋食,而未必得食。学所以谋道,在禄在其中。然其学也,忧不得乎道而已,非为忧贫之故,而欲为是以得禄也。○尹氏曰:"君子治其本而不恤其末,岂以在外者为忧乐哉?"

子曰:"知及之,仁不能守之,虽得之,必失之。[1]知及之,仁能守之,不庄以莅之,则民不敬。[2]知及之,仁能守之,庄以莅之,动之不以礼,未善也。"[3]

【朱子集注】

[1]知,去声。○知足以知此理,而私欲间之,则无以有之于身矣。

[2]莅,临也。谓临民也。知此理而无私欲以间之,则所知者在我而不失矣。然犹有不庄者,盖气习之偏,或有厚于内而不严于外者,是以民不见其可畏而慢易之。下句放此。

[3]动之,动民也。犹曰鼓舞而作兴之云尔。礼,谓义理之节文。○愚谓学至于仁,则善有诸己而大本立矣。莅之不庄,动之不以礼,乃其气禀学问之小疵,然亦非尽善之道也。故夫子历言之,使知德愈全则责愈备,不可以为小节而忽之也。

子曰:"君子不可小知,而可大受也;小人不可大受,而可小知也。"[1]

【朱子集注】

[1] 此言观人之法。知，我知之也。受，彼所受也。盖君子于细事未必可观，而材德足以任重；小人虽器量浅狭，而未必无一长可取。

子曰："民之于仁也，甚于水火。水火，吾见蹈而死者矣，未见蹈仁而死者也。"[1]

【朱子集注】

[1] 民之于水火，所赖以生，不可一日无。其于仁也亦然。但水火外物，而仁在己。无水火，不过害人之身，而不仁则失其心。是仁有甚于水火，而尤不可以一日无也。况水火或有时而杀人，仁则未尝杀人，亦何惮而不为哉？李氏曰："此夫子勉人为仁之语。"下章放此。

子曰："当仁，不让于师。"[1]

【朱子集注】

[1] 当仁，以仁为己任也。虽师亦无所逊，言当勇往而必为也。盖仁者，人所自有而自为之，非有争也，何逊之有？○程子曰："为仁在己，无所与逊。若善名在外，则不可不逊。"

子曰："君子贞而不谅。"[1]

【朱子集注】

[1] 贞，正而固也。谅，则不择是非而必于信。

子曰："事君，敬其事而后其食。"[1]

【朱子集注】

〔1〕后，与后获之后同。○食，禄也。君子之仕也，有官守者修其职，有言责者尽其忠。皆以敬吾之事而已，不可先有求禄之心也。

子曰："有教无类。"[1]

【朱子集注】

〔1〕人性皆善，而其类有善恶之殊者，气习之染也。故君子有教，则人皆可以复于善，而不当复论其类之恶矣。

子曰："道不同，不相为谋。"[1]

【朱子集注】

〔1〕为，去声。○不同，如善恶邪正之异。

子曰："辞达而已矣。"[1]

【朱子集注】

〔1〕辞，取达意而止，不以富丽为工。

师冕见，及阶，子曰："阶也。"及席，子曰："席也。"皆坐，子告之曰："某在斯，某在斯。"[1]师冕出。子张问曰："与师言之道与？"[2]子曰："然。固相师之道也。"[3]

【朱子集注】

〔1〕见，贤遍反。○师，乐师，瞽者。冕，名。再言某在斯，历举在坐

之人以诏之。

[2] 与，平声。○圣门学者，于夫子之一言一动，无不存心省察如此。

[3] 相，去声。○相，助也。古者瞽必有相，其道如此。盖圣人于此，非作意而为之，但尽其道而已。○尹氏曰："圣人处己为人，其心一致，无不尽其诚故也。有志于学者，求圣人之心，于斯亦可见矣。"范氏曰："圣人不侮鳏寡，不虐无告，可见于此。推之天下，无一物不得其所矣。"

季氏第十六

季氏将伐颛臾。[1]冉有、季路见于孔子曰："季氏将有事于颛臾。"[2]孔子曰："求！无乃尔是过与？[3]夫颛臾，昔者先王以为东蒙主，且在邦域之中矣，是社稷之臣也。何以伐为？"[4]冉有曰："夫子欲之，吾二臣者皆不欲也。"[5]孔子曰："求！周任有言曰：'陈力就列，不能者止。'危而不持，颠而不扶，则将焉用彼相矣？[6]且尔言过矣。虎兕出于柙，龟玉毁于椟中，是谁之过与？"[7]冉有曰："今夫颛臾，固而近于费。今不取，后世必为子孙忧。"[8]孔子曰："求！君子疾夫舍曰欲之，而必为之辞。[9]丘也闻：有国有家者，不患寡而患不均，不患贫而患不安。盖均无贫，和无寡，安无倾。[10]夫如是，故远人不服，则修文德以来之。既来之，则安之。[11]今由与求也，相夫子，远人不服而不能来也，邦分崩离析而不能守也。[12]而谋动干戈于邦内。吾恐季孙之忧，不在颛臾，而在萧墙之内也。"[13]

【朱子集注】

[1]颛，音专。臾，音俞。○颛臾，国名，鲁附庸也。

[2]见，贤遍反。○按《左传》、《史记》，二子仕季氏不同时。此云尔者，疑子路尝从孔子自卫反鲁，再仕季氏，不久而复之卫也。

[3]与，平声。○冉求为季氏聚敛，尤用事。故夫子独责之。

[4]夫，音扶。○东蒙，山名。先王封颛臾于此山之下，使主其祭，

在鲁地七百里之中。社稷,犹云公家。是时四分鲁国,季氏取其二,孟孙、叔孙各有其一。独附庸之国尚为公臣,季氏又欲取以自益。故孔子言颛臾乃先王封国,则不可伐;在邦域之中,则不必伐;是社稷之臣,则非季氏所当伐也。此事理之至当,不易之定体,而一言尽其曲折如此,非圣人不能也。

[5] 夫子,指季孙。冉有实与谋,以孔子非之,故归咎于季氏。

[6] 任,平声。焉,於虔反。相,去声,下同。○周任,古之良史。陈,布也。列,位也。相,瞽者之相也。言二子不欲则当谏,谏而不听则当去也。

[7] 兕,徐履反。柙,户甲反。椟,音独。与,平声。○兕,野牛也。柙,槛也。椟,匮也。言在柙而逸,在椟而毁,典守者不得辞其过。明二子居其位而不去,则季氏之恶,己不得不任其责也。

[8] 夫,音扶。○固,谓城郭完固。费,季氏之私邑。此则冉求之饰辞,然亦可见其实与季氏之谋矣。

[9] 夫,音扶。舍,上声。○欲之,谓贪其利。

[10] 寡,谓民少。贫,谓财乏。均,谓各得其分。安,谓上下相安。季氏之欲取颛臾,患寡与贫耳。然是时季氏据国,而鲁公无民,则不均矣。君弱臣强,互生嫌隙,则不安矣。均则不患于贫而和,和则不患于寡而安,安则不相疑忌,而无倾覆之患。

[11] 夫,音扶。○内治修,然后远人服。有不服,则修德以来之,亦不当勤兵于远。

[12] 子路虽不与谋,而素不能辅之以义,亦不得为无罪,故并责之。远人,谓颛臾。分崩离析,谓四分公室,家臣屡叛。

[13] 干,楯也。戈,戟也。萧墙,屏也。言不均不和,内变将作。其后哀公果欲以越伐鲁而去季氏。○谢氏曰:"当是时,三家强,公室弱,冉求又欲伐颛臾以附益之。夫子所以深罪之,为其瘠鲁以肥三家也。"洪氏曰:"二子仕于季氏,凡季氏所欲为,必以告于夫子。则因夫子之言而救止者,宜亦多矣。伐颛臾之事,不见于经传,其以夫子之言而止也与?"

孔子曰："天下有道，则礼乐征伐自天子出；天下无道，则礼乐征伐自诸侯出。自诸侯出，盖十世希不失矣；自大夫出，五世希不失矣；陪臣执国命，三世希不失矣。[1]天下有道，则政不在大夫。[2]天下有道，则庶人不议。"[3]

【朱子集注】

[1]先王之制，诸侯不得变礼乐，专征伐。陪臣，家臣也。逆理愈甚，则其失之愈速。大约世数，不过如此。

[2]言不得专政。

[3]上无失政，则下无私议。非箝其口使不敢言也。○此章通论天下之势。

孔子曰："禄之去公室，五世矣；政逮于大夫，四世矣；故夫三桓之子孙，微矣。"[1]

【朱子集注】

[1]夫，音扶。○鲁自文公薨，公子遂杀子赤，立宣公，而君失其政。历成、襄、昭、定，凡五公。逮，及也。自季武子始专国政，历悼、平、桓子，凡四世，而为家臣阳虎所执。三桓，三家，皆桓公之后。此以前章之说推之，而知其当然也。○此章专论鲁事，疑与前章皆定公时语。苏氏曰："礼乐征伐自诸侯出，宜诸侯之强也。而鲁以失政，政逮于大夫，宜大夫之强也，而三桓以微。何也？强生于安，安生于上下之分定。今诸侯、大夫皆陵其上，则无以令其下矣。故皆不久而失之也。"

孔子曰："益者三友，损者三友。友直，友谅，友多闻，益矣。友便辟，友善柔，友便佞，损矣。"[1]

【朱子集注】

[1]便,平声。辟,婢亦反。○友直,则闻其过。友谅,则进于诚。友多闻,则进于明。便,习熟也。便辟,谓习于威仪而不直。善柔,谓工于媚悦而不谅。便佞,谓习于口语,而无闻见之实。三者损益,正相反也。○尹氏曰:"自天子至于庶人,未有不须友以成者。而其损益有如是者,可不谨哉?"

孔子曰:"益者三乐,损者三乐。乐节礼乐,乐道人之善,乐多贤友,益矣。乐骄乐,乐佚游,乐宴乐,损矣。"[1]

【朱子集注】

[1]乐,五教反。礼乐之乐,音岳。骄乐、宴乐之乐,音洛。○节,谓辨其制度声容之节。骄乐,则侈肆而不知节。佚游,则惰慢而恶闻善。宴乐,则淫溺而狎小人。三者损益,亦相反也。○尹氏曰:"君子之于好乐,可不谨哉?"

孔子曰:"侍于君子有三愆:言未及之而言,谓之躁;言及之而不言,谓之隐;未见颜色而言,谓之瞽。"[1]

【朱子集注】

[1]君子,有德位之通称。愆,过也。瞽,无目,不能察言观色。○尹氏曰:"时然后言,则无三者之过矣。"

孔子曰:"君子有三戒:少之时,血气未定,戒之在色;及其壮也,血气方刚,戒之在斗;及其老也,血气既衰,戒之在得。"[1]

【朱子集注】

[1] 血气，形之所待以生者，血阴而气阳也。得，贪得也。随时知戒，以理胜之，则不为血气所使也。○范氏曰："圣人同于人者血气也，异于人者志气也。血气有时而衰，志气则无时而衰也。少未定、壮而刚、老而衰者，血气也。戒于色、戒于斗、戒于得者，志气也。君子养其志气，故不为血气所动，是以年弥高而德弥邵也。"

孔子曰："君子有三畏：畏天命，畏大人，畏圣人之言。[1]小人不知天命而不畏也，狎大人，侮圣人之言。"[2]

【朱子集注】

[1] 畏者，严惮之意也。天命者，天所赋之正理也。知其可畏，则其戒谨恐惧，自有不能已者。而付畀之重，可以不失矣。大人、圣言，皆天命所当畏。知畏天命，则不得不畏之矣。

[2] 侮，戏玩也。不知天命，故不识义理，而无所忌惮如此。○尹氏曰："三畏者，修己之诚当然也。小人不务修身诚己，则何畏之有？"

孔子曰："生而知之者，上也；学而知之者，次也；困而学之，又其次也；困而不学，民斯为下矣。"[1]

【朱子集注】

[1] 困，谓有所不通。言人之气质不同，大约有此四等。○杨氏曰："生知、学知以至困学，虽其质不同，然及其知之一也。故君子惟学之为贵。困而不学，然后为下。"

孔子曰："君子有九思：视思明，听思聪，色思温，貌思恭,言思忠,事思敬,疑思问,忿思难,见得思义。"[1]

【朱子集注】

[1] 难,去声。○视无所蔽,则明无不见。听无所壅,则聪无不闻。色,见于面者。貌,举身而言。思问,则疑不蓄。思难,则忿必惩。思义,则得不苟。○程子曰:"九思各专其一。"谢氏曰:"未至于从容中道,无时而不自省察也,虽有不存焉者,寡矣。此之谓思诚。"

孔子曰:"见善如不及,见不善如探汤。吾见其人矣,吾闻其语矣。[1]隐居以求其志,行义以达其道。吾闻其语矣,未见其人也。"[2]

【朱子集注】

[1] 探,吐南反。○真知善恶而诚好恶之,颜、曾、闵、冉之徒,盖能之矣。语,盖古语也。

[2] 求其志,守其所达之道也。达其道,行其所求之志也。盖惟伊尹、太公之流可以当之。当时若颜子,亦庶乎此。然隐而未见,又不幸而蚤死,故夫子云然。

齐景公有马千驷,死之日,民无德而称焉。伯夷、叔齐饿于首阳之下,民到于今称之。[1]其斯之谓与?[2]

【朱子集注】

[1] 驷,四马也。首阳,山名。

[2] 与,平声。○胡氏曰:"程子以为第十二篇错简'诚不以富,亦祇以异',当在此章之首。今详文势,似当在此句之上。言人之所称,不在

于富，而在于异也。"愚谓此说近是，而章首当有"孔子曰"字，盖阙文耳。大抵此书后十篇多阙误。

陈亢问于伯鱼曰："子亦有异闻乎？"[1]对曰："未也。尝独立，鲤趋而过庭。曰：'学《诗》乎？'对曰：'未也。''不学《诗》，无以言。'鲤退而学《诗》。[2]他日又独立，鲤趋而过庭。曰：'学礼乎？'对曰：'未也。''不学礼，无以立，'鲤退而学礼。[3]闻斯二者。"[4]陈亢退而喜曰："问一得三，闻《诗》，闻礼，又闻君子之远其子也。"[5]

【朱子集注】

[1]亢，音刚。○亢以私意窥圣人，疑必阴厚其子。

[2]事理通达，而心气和平，故能言。

[3]品节详明，而德性坚定，故能立。

[4]当独立之时，所闻不过如此，其无异闻可知。

[5]远，去声。○尹氏曰："孔子之教其子，无异于门人，故陈亢以为远其子。"

邦君之妻，君称之曰夫人，夫人自称曰小童；邦人称之曰君夫人，称诸异邦曰寡小君；异邦人称之，亦曰君夫人。[1]

【朱子集注】

[1]寡，寡德，谦辞。○吴氏曰："凡《语》中所载如此类者，不知何谓。或古有之，或夫子尝言之，不可考也。"

卷第九

阳货第十七

阳货欲见孔子，孔子不见，归孔子豚。孔子时其亡也，而往拜之，遇诸涂。[1]谓孔子曰："来！予与尔言。"曰："怀其宝而迷其邦，可谓仁乎？"曰："不可。""好从事而亟失时，可谓知乎？"曰："不可。""日月逝矣，岁不我与。"孔子曰："诺。吾将仕矣。"[2]

【朱子集注】

[1] 归，如字，一作馈。〇阳货，季氏家臣，名虎。尝囚季桓子而专国政。欲令孔子来见己，而孔子不往。货以礼"大夫有赐于士，不得受于其家，则往拜其门"，故瞰孔子之亡而归之豚，欲令孔子来拜而见之也。

[2] 好、亟、知，并去声。〇怀宝迷邦，谓怀藏道德，不救国之迷乱。亟，数也。失时，谓不及事几之会。将者，且然而未必之辞。货语皆讥孔子而讽使速仕。孔子固未尝如此，而亦非不欲仕也，但不仕于货耳。故直据理答之，不复与辩，若不谕其意者。〇阳货之欲见孔子，虽其善意，然不过欲使助己为乱耳。故孔子不见者，义也。其往拜者，礼也。必时其亡而往者，欲其称也。遇诸涂而不避者，不终绝也。随问而对者，理之直也。对而不辩者，言之孙而亦无所诎也。杨氏曰："扬雄谓孔子于阳货也，敬所不敬，为诎身以信道，非知孔子者。盖道外无身，身外无道。身诎矣而可以信道，吾未之信也。"

子曰："性相近也，习相远也。"[1]

202

【朱子集注】

[1] 此所谓性,兼气质而言者也。气质之性,固有美恶之不同矣。然以其初而言,则皆不甚相远也。但习于善则善,习于恶则恶,于是始相远耳。○程子曰:"此言气质之性,非言性之本也。若言其本,则性即是理,理无不善,孟子之言性善是也。何相近之有哉?"

子曰:"惟上知与下愚不移。"[1]

【朱子集注】

[1] 知,去声。○此承上章而言。人之气质相近之中,又有美恶一定,而非习之所能移者。○程子曰:"人性本善,有不可移者,何也? 语其性则皆善也,语其才则有下愚之不移。所谓下愚有二焉:自暴,自弃也。人苟以善自治,则无不可移,虽昏愚之至,皆可渐磨而进也。惟自暴者拒之以不信,自弃者绝之以不为,虽圣人与居,不能化而入也,仲尼之所谓下愚也。然其质非必昏且愚也,往往强戾而才力有过人者,商辛是也。圣人以其自绝于善,谓之下愚,然考其归,则诚愚也。"或曰:"此与上章当合为一,'子曰'二字,盖衍文耳。"

子之武城,闻弦歌之声。[1]夫子莞尔而笑,曰:"割鸡焉用牛刀?"[2]子游对曰:"昔者偃也闻诸夫子曰:'君子学道则爱人,小人学道则易使也。'"[3]子曰:"二三子! 偃之言是也。前言戏之耳。"[4]

【朱子集注】

[1] 弦,琴瑟也。时子游为武城宰,以礼乐为教,故邑人皆弦歌也。

[2] 莞,华版反。焉,於虔反。○莞尔,小笑貌,盖喜之也。因言其治小邑,何必用此大道也。

[3] 易，去声。○君子、小人，以位言之。子游所称，盖夫子之常言。言君子、小人，皆不可以不学。故武城虽小，亦必教以礼乐。

[4] 嘉子游之笃信，又以解门人之惑也。○治有大小，而其治之必用礼乐，则其为道一也。但众人多不能用，而子游独行之。故夫子骤闻而深喜之，因反其言以戏之。而子游以正对，故复是其言，而自实其戏也。

公山弗扰以费畔，召，子欲往。[1] 子路不说，曰："末之也已，何必公山氏之之也。"[2] 子曰："夫召我者，而岂徒哉？如有用我者，吾其为东周乎？"[3]

【朱子集注】

[1] 弗扰，季氏宰。与阳货共执桓子，据邑以叛。

[2] 说，音悦。○末，无也。言道既不行，无所往矣，何必公山氏之往乎？

[3] 夫，音扶。○岂徒哉，言必用我也。为东周，言兴周道于东方。○程子曰："圣人以天下无不可有为之人，亦无不可改过之人，故欲往。然而终不往者，知其必不能改故也。"

子张问仁于孔子。孔子曰："能行五者于天下，为仁矣。"请问之。曰："恭、宽、信、敏、惠。恭则不侮，宽则得众，信则人任焉，敏则有功，惠则足以使人。"[1]

【朱子集注】

[1] 行是五者，则心存而理得矣。于天下，言无适而不然，犹所谓虽之夷狄不可弃者。五者之目，盖因子张所不足而言耳。任，倚仗也，又言

其效如此。○张敬夫曰："能行此五者于天下，则其心公平而周遍可知矣。然恭其本与？"李氏曰："此章与六言、六蔽、五美、四恶之类，皆与前后文体大不相似。"

佛肸召，子欲往。[1]子路曰："昔者由也闻诸夫子曰：'亲于其身为不善者，君子不入也。'佛肸以中牟畔，子之往也，如之何？"[2]子曰："然。有是言也。不曰坚乎，磨而不磷；不曰白乎，涅而不缁。[3]吾岂匏瓜也哉？焉能系而不食？"[4]

【朱子集注】

[1]佛，音弼。肸，许密反。○佛肸，晋大夫赵氏之中牟宰也。

[2]子路恐佛肸之浼夫子，故问此以止夫子之行。亲，犹自也。不入，不入其党也。

[3]磷，力刃反。涅，乃结反。○磷，薄也。涅，染皂物。言人之不善，不能浼己。杨氏曰："磨不磷，涅不缁，而后无可无不可。坚白不足，而欲自试于磨涅，其不磷缁也者几希。"

[4]焉，於虔反。○匏，瓠也。匏瓜系于一处而不能饮食，人则不如是也。○张敬夫曰："子路昔者之所闻，君子守身之常法。夫子今日之所言，圣人体道之大权也。然夫子于公山、佛肸之召皆欲往者，以天下无不可变之人，无不可为之事也。其卒不往者，知其人之终不可变而事之终不可为耳。一则生物之仁，一则知人之智也。"

子曰："由也，女闻六言六蔽矣乎？"对曰："未也。"[1]"居！吾语女。[2]好仁不好学，其蔽也愚；好知不好学，其蔽也荡；好信不好学，其蔽也贼；好直不好学，其蔽也绞；好勇不好学，其蔽也乱；好刚不好学，其蔽也狂。"[3]

【朱子集注】

[1] 女，音汝，下同。○蔽，遮掩也。

[2] 语，去声。○礼：君子问更端，则起而对。故孔子谕子路，使还坐而告之。

[3] 好、知，并去声。○六言皆美德，然徒好之而不学以明其理，则各有所蔽。愚，若可陷可罔之类。荡，谓穷高极广而无所止。贼，谓伤害于物。勇者，刚之发。刚者，勇之体。狂，躁率也。○范氏曰："子路勇于为善，其失之者，未能好学以明之也，故告之以此。曰勇、曰刚、曰信、曰直，又皆所以救其偏也。"

　　子曰："小子！何莫学夫《诗》？[1]《诗》，可以兴，[2] 可以观[3]，可以群，[4] 可以怨。[5] 迩之事父，远之事君。[6] 多识于鸟兽草木之名。"[7]

【朱子集注】

[1] 夫，音扶。○小子，弟子也。

[2] 感发志意。

[3] 考见得失。

[4] 和而不流。

[5] 怨而不怒。

[6] 人伦之道，《诗》无不备，二者举重而言。

[7] 其绪余又足以资多识。○学《诗》之法，此章尽之。读是经者，所宜尽心也。

　　子谓伯鱼曰："女为《周南》、《召南》矣乎？人而不为《周南》、《召南》，其犹正墙面而立也与？"[1]

【朱子集注】

[1] 女,音汝。与,平声。○为,犹学也。《周南》、《召南》,《诗》首篇名。所言皆修身齐家之事。正墙面而立,言即其至近之地,而一物无所见,一步不可行。

子曰:"礼云礼云,玉帛云乎哉? 乐云乐云,钟鼓云乎哉?"[1]

【朱子集注】

[1] 敬而将之以玉帛,则为礼;和而发之以钟鼓,则为乐。遗其本而专事其末,则岂礼乐之谓哉? ○程子曰:"礼只是一个序,乐只是一个和。只此两字,含蓄多少义理。天下无一物无礼乐。且如置此两椅,一不正,便是无序。无序便乖,乖便不和。又如贼盗至为不道,然亦有礼乐。盖必有总属,必相听顺,乃能为盗。不然,则叛乱无统,不能一日相聚而为盗也。礼乐无处无之,学者要须识得。"

子曰:"色厉而内荏,譬诸小人,其犹穿窬之盗也与?"[1]

【朱子集注】

[1] 荏,而审反。与,平声。○厉,威严也。荏,柔弱也。小人,细民也。穿,穿壁。窬,逾墙。言其无实盗名,而常畏人知也。

子曰:"乡原,德之贼也。"[1]

【朱子集注】

[1] 乡者,鄙俗之意。原与愿同。《荀子》"原悫",《注》读作愿是也。乡

原,乡人之愿者也。盖其同流合污以媚于世,故在乡人之中,独以愿称。夫子以其似德非德,而反乱乎德,故以为德之贼而深恶之。详见《孟子》末篇。

子曰:"道听而涂说,德之弃也。"[1]

【朱子集注】

[1] 虽闻善言,不为己有,是自弃其德也。○王氏曰:"君子多识前言往行以畜其德,道听涂说,则弃之矣。"

子曰:"鄙夫可与事君也与哉?[1]其未得之也,患得之;既得之,患失之。[2]苟患失之,无所不至矣。"[3]

【朱子集注】

[1] 与,平声。○鄙夫,庸恶陋劣之称。

[2] 何氏曰:"患得之,谓患不能得之。"

[3] 小则吮痈舐痔,大则弒父与君,皆生于患失而已。○胡氏曰:"许昌靳裁之有言曰:'士之品大概有三:志于道德者,功名不足以累其心;志于功名者,富贵不足以累其心;志于富贵而已者,则亦无所不至矣。'志于富贵,即孔子所谓鄙夫也。"

子曰:"古者民有三疾,今也或是之亡也。[1]古之狂也肆,今之狂也荡;古之矜也廉,今之矜也忿戾;古之愚也直,今之愚也诈而已矣。"[2]

【朱子集注】

[1] 气失其平则为疾,故气禀之偏者亦谓之疾。昔所谓疾,今亦无

之,伤俗之益衰也。

[2]狂者,志愿太高。肆,谓不拘小节。荡,则逾大闲矣。矜者,持守太严。廉,谓棱角陗厉。忿戾,则至于争矣。愚者,暗昧不明。直,谓径行自遂。诈,则挟私妄作矣。○范氏曰:"末世滋伪。岂惟贤者不如古哉? 民性之蔽,亦与古人异矣。"

子曰:"巧言令色,鲜矣仁。"[1]

【朱子集注】

[1]重出。

子曰:"恶紫之夺朱也,恶郑声之乱雅乐也,恶利口之覆邦家者。"[1]

【朱子集注】

[1]恶,去声。覆,芳服反。○朱,正色。紫,间色。雅,正也。利口,捷给。覆,倾败也。○范氏曰:"天下之理,正而胜者常少,不正而胜者常多,圣人所以恶之也。利口之人,以是为非,以非为是,以贤为不肖,以不肖为贤。人君苟悦而信之,则国家之覆也不难矣。"

子曰:"予欲无言。"[1]子贡曰:"子如不言,则小子何述焉?"[2]子曰:"天何言哉? 四时行焉,百物生焉,天何言哉?"[3]

【朱子集注】

[1]学者多以言语观圣人,而不察其天理流行之实,有不待言而著

者。是以徒得其言,而不得其所以言,故夫子发此以警之。

[2]子贡正以言语观圣人者,故疑而问之。

[3]四时行,百物生,莫非天理发见流行之实,不待言而可见。圣人一动一静,莫非妙道精义之发,亦天而已,岂待言而显哉?此亦开示子贡之切,惜乎其终不喻也。○程子曰:"孔子之道,譬如日星之明,犹患门人未能尽晓,故曰予欲无言。若颜子则便默识,其他则未免疑问,故曰小子何述。"又曰:"天何言哉?四时行焉,百物生焉,则可谓至明白矣。"愚按:此与前篇无隐之意相发,学者详之。

孺悲欲见孔子,孔子辞以疾。将命者出户,取瑟而歌,使之闻之。[1]

【朱子集注】

[1]孺悲,鲁人,尝学《士丧礼》于孔子。当是时,必有以得罪者,故辞以疾,而又使知其非疾,以警教之也。○程子曰:"此孟子所谓不屑之教诲,所以深教之也。"

宰我问:"三年之丧,期已久矣。[1]君子三年不为礼,礼必坏;三年不为乐,乐必崩。[2]旧谷既没,新谷既升,钻燧改火,期可已矣。"[3]子曰:"食夫稻,衣夫锦,於女安乎?"曰:"安。"[4]"女安,则为之! 夫君子之居丧,食旨不甘,闻乐不乐,居处不安,故不为也。今女安,则为之!"[5]宰我出。子曰:"予之不仁也! 子生三年,然后免于父母之怀。夫三年之丧,天下之通丧也。予也有三年之爱于其父母乎?"[6]

【朱子集注】

[1] 期，音基，下同。○期，周年也。

[2] 恐居丧不习而崩坏也。

[3] 钻，祖官反。○没，尽也。升，登也。燧，取火之木也。改火，春取榆柳之火，夏取枣杏之火，夏季取桑柘之火，秋取柞楢之火，冬取槐檀之火，亦一年而周也。已，止也。言期年则天运一周，时物皆变，丧至此可止也。○尹氏曰："短丧之说，下愚且耻言之。宰我亲学圣人之门，而以是为问者，有所疑于心而不敢强焉尔。"

[4] 夫，音扶，下同。衣，去声。女，音汝，下同。○礼：父母之丧，既殡，食粥、粗衰。既葬，疏食、水饮，受以成布。期而小祥，始食菜果，练冠緦缘，要绖不除。无食稻、衣锦之理。夫子欲宰我反求诸心，自得其所以不忍者。故问之以此，而宰我不察也。

[5] 乐，上如字，下音洛。○此夫子之言也。旨，亦甘也。初言女安则为之，绝之之辞。又发其不忍之端，以警其不察，而再言女安则为之以深责之。

[6] 宰我既出，夫子惧其真以为可安而遂行之，故深探其本而斥之，言由其不仁，故爱亲之薄如此也。怀，抱也。又言君子所以不忍于亲，而丧必三年之故。使之闻之，或能反求而终得其本心也。○范氏曰："丧虽止于三年，然贤者之情则无穷也。特以圣人为之中制而不敢过，故必俯而就之。非以三年之丧，为足以报其亲也。所谓三年而后免于父母之怀，特以责宰我之无恩，欲其有以跂而及之尔。"

子曰："饱食终日，无所用心，难矣哉！不有博弈者乎？为之，犹贤乎已。"[1]

【朱子集注】

[1] 博，局戏也。弈，围棋也。已，止也。李氏曰："圣人非教人博弈

也,所以甚言无所用心之不可尔。"

子路曰:"君子尚勇乎?"子曰:"君子义以为上。君子有勇而无义为乱,小人有勇而无义为盗。"[1]

【朱子集注】

[1] 尚,上之也。君子为乱,小人为盗,皆以位而言者也。○尹氏曰:"义以为尚,则其勇也大矣。子路好勇,故夫子以此救其失也。"胡氏曰:"疑此子路初见孔子时问答也。"

子贡曰:"君子亦有恶乎?"子曰:"有恶:恶称人之恶者,恶居下流而讪上者,恶勇而无礼者,恶果敢而窒者。"[1]曰:"赐也亦有恶乎?""恶徼以为知者,恶不孙以为勇者,恶讦以为直者。"[2]

【朱子集注】

[1] 恶,去声,下同。惟恶者之恶如字。讪,所谏反。○讪,谤毁也。窒,不通也。称人恶则无仁厚之意,下讪上则无忠敬之心,勇无礼则为乱,果而窒则妄作,故夫子恶之。

[2] 徼,古尧反。知、孙,并去声。讦,居谒反。○恶徼以下,子贡之言也。徼,伺察也。讦,谓攻发人之阴私。○杨氏曰:"仁者无不爱,则君子疑若无恶矣。子贡之有是心也,故问焉以质其是非。"侯氏曰:"圣贤之所恶如此,所谓唯仁者能恶人也。"

子曰:"唯女子与小人为难养也,近之则不孙,远之则怨。"[1]

【朱子集注】

[1] 近、孙、远,并去声。○此小人,亦谓仆隶下人也。君子之于臣妾,庄以莅之,慈以畜之,则无二者之患矣。

子曰:"年四十而见恶焉,其终也已。"[1]

【朱子集注】

[1] 恶,去声。○四十,成德之时,见恶于人,则止于此而已。勉人及时迁善改过也。苏氏曰:"此亦有为而言,不知其为谁也。"

微子第十八

微子去之,箕子为之奴,比干谏而死。[1]孔子曰:"殷有三仁焉。"[2]

【朱子集注】

　　[1] 微、箕,二国名。子,爵也。微子,纣庶兄。箕子、比干,纣诸父。微子见纣无道,去之以存宗祀。箕子、比干皆谏,纣杀比干,囚箕子以为奴,箕子因佯狂而受辱。

　　[2] 三人之行不同,而同出于至诚恻怛之意,故不咈乎爱之理,而有以全其心之德也。杨氏曰:"此三人者,各得其本心,故同谓之仁。"

柳下惠为士师,三黜。人曰:"子未可以去乎?"曰:"直道而事人,焉往而不三黜? 枉道而事人,何必去父母之邦?"[1]

【朱子集注】

　　[1] 三,去声。焉,於虔反。○士师,狱官。黜,退也。柳下惠三黜不去,而其辞气雍容如此,可谓和矣。然其不能枉道之意,则有确乎其不可拔者。是则所谓必以其道,而不自失焉者也。○胡氏曰:"此必有孔子断之之言,而亡之矣。"

齐景公待孔子,曰:"若季氏,则吾不能,以季、孟之间待之。"曰:"吾老矣,不能用也。"孔子行。[1]

【朱子集注】

[1] 鲁三卿，季氏最贵，孟氏为下卿。孔子去之，事见《世家》。然此言必非面语孔子，盖自以告其臣，而孔子闻之尔。○程子曰："季氏强臣，君待之之礼极隆，然非所以待孔子也。以季、孟之间待之，则礼亦至矣。然复曰'吾老矣，不能用也'，故孔子去之。盖不系待之轻重，特以不用而去尔。"

齐人归女乐，季桓子受之，三日不朝，孔子行。[1]

【朱子集注】

[1] 归，如字，或作馈。朝，音潮。○季桓子，鲁大夫，名斯。按《史记》，"定公十四年，孔子为鲁司寇，摄行相事。齐人惧，归女乐以沮之。"尹氏曰："受女乐而怠于政事如此，其简贤弃礼，不足与有为可知矣。夫子所以行也，所谓见几而作，不俟终日者与？"○范氏曰："此篇记仁贤之出处，而折中以圣人之行，所以明中庸之道也。"

楚狂接舆歌而过孔子曰："凤兮！凤兮！何德之衰？往者不可谏，来者犹可追。已而！已而！今之从政者殆而！"[1]孔子下，欲与之言。趋而辟之，不得与之言。[2]

【朱子集注】

[1] 接舆，楚人，佯狂辟世。夫子时将适楚，故接舆歌而过其车前也。凤，有道则见，无道则隐。接舆以比孔子，而讥其不能隐为德衰也。来者可追，言及今尚可隐去。已，止也。而，语助辞。殆，危也。接舆盖知尊孔子而趋不同者也。

[2] 辟，去声。○孔子下车，盖欲告之以出处之意。接舆自以为是，故不欲闻而辟之也。

　　长沮、桀溺耦而耕，孔子过之，使子路问津焉。[1]长沮曰："夫执舆者为谁？"子路曰："为孔丘。"曰："是鲁孔丘与？"曰："是也。"曰："是知津矣。"[2]问于桀溺，桀溺曰："子为谁？"曰："为仲由。"曰："是鲁孔丘之徒与？"对曰："然。"曰："滔滔者天下皆是也，而谁以易之？且而与其从辟人之士也，岂若从辟世之士哉？"耰而不辍。[3]子路行以告。夫子怃然曰："鸟兽不可与同群，吾非斯人之徒与而谁与？天下有道，丘不与易也。"[4]

【朱子集注】

　　[1]沮，七余反。溺，乃历反。○二人，隐者。耦，并耕也。时孔子自楚反乎蔡。津，济渡处。

　　[2]夫，音扶。与，平声。○执舆，执辔在车也。盖本子路御而执辔，今下问津，故夫子代之也。知津，言数周流，自知津处。

　　[3]徒与之与，平声。滔，吐刀反。辟，去声。耰，音忧。○滔滔，流而不反之意。以，犹与也。言天下皆乱，将谁与变易之？而，汝也。辟人，谓孔子。辟世，桀溺自谓。耰，覆种也。亦不告以津处。

　　[4]怃，音武。与，如字。○怃然，犹怅然，惜其不喻己意也。言所当与同群者，斯人而已，岂可绝人逃世以为洁哉？天下若已平治，则我无用变易之。正为天下无道，故欲以道易之耳。○程子曰："圣人不敢有忘天下之心，故其言如此也。"张子曰："圣人之仁，不以无道必天下而弃之也。"

　　子路从而后，遇丈人，以杖荷蓧。子路问曰："子见夫子乎？"丈人曰："四体不勤，五谷不分。孰为夫子？"植其杖而芸。[1]子路拱而立。[2]止子路宿，杀鸡为黍而食之，见其二子焉。[3]明日，子路行以告。子曰："隐者也。"使子路反见之。

至，则行矣。[4]子路曰："不仕无义。长幼之节，不可废也；君臣之义，如之何其废之？欲洁其身，而乱大伦。君子之仕也，行其义也。道之不行，已知之矣。"[5]

【朱子集注】

[1] 蓧，徒吊反。植，音值。○丈人，亦隐者。蓧，竹器。分，辨也。五谷不分，犹言不辨菽麦尔，责其不事农业而从师远游也。植，立之也。芸，去草也。

[2] 知其隐者，敬之也。

[3] 食，音嗣。见，贤遍反。

[4] 孔子使子路反见之，盖欲告之以君臣之义。而丈人意子路必将复来，故先去之以灭其迹，亦接舆之意也。

[5] 长，上声。○子路述夫子之意如此。盖丈人之接子路甚倨，而子路益恭，丈人因见其二子焉，则于长幼之节，固知其不可废矣，故因其所明以晓之。伦，序也。人之大伦有五：父子有亲，君臣有义，夫妇有别，长幼有序，朋友有信是也。仕所以行君臣之义，故虽知道之不行而不可废。然谓之义，则事之可否，身之去就，亦自有不可苟者。是以虽不洁身以乱伦，亦非忘义以徇禄也。福州有国初时写本，"路"下有"反子"二字，以此为子路反而夫子言之也。未知是否。○范氏曰："隐者为高，故往而不反。仕者为通，故溺而不止。不与鸟兽同群，则决性命之情以饕富贵。此二者皆惑也，是以依乎中庸者为难。惟圣人不废君臣之义，而必以其正，所以或出或处而终不离于道也。"

逸民：伯夷、叔齐、虞仲、夷逸、朱张、柳下惠、少连。[1]子曰："不降其志，不辱其身，伯夷、叔齐与！"[2]谓："柳下惠、少连，降志辱身矣。言中伦，行中虑，其斯而已矣。"[3]谓："虞仲、夷逸，隐居放言，身中清，废中权。[4]我则异于是，无可无不可。"[5]

【朱子集注】

[1] 少,去声,下同。〇逸,遗逸。民者,无位之称。虞仲,即仲雍,与大伯同窜荆蛮者。夷逸、朱张,不见经传。少连,东夷人。

[2] 与,平声。

[3] 中,去声,下同。〇柳下惠,事见上。伦,义理之次第也。虑,思虑也。中虑,言有意义合人心。少连事不可考,然《记》称其"善居丧,三日不怠,三月不解,期悲哀,三年忧"。则行之中虑,亦可见矣。

[4] 仲雍居吴,断发文身,裸以为饰。隐居独善,合乎道之清。放言自废,合乎道之权。

[5] 孟子曰:"孔子可以仕则仕,可以止则止,可以久则久,可以速则速。"所谓无可无不可也。〇谢氏曰:"七人隐遁不污则同,其立心造行则异。伯夷、叔齐,天子不得臣,诸侯不得友,盖已遁世离群矣,下圣人一等,此其最高与! 柳下惠、少连,虽降志而不枉己,虽辱身而不求合,其心有不屑也。故言能中伦,行能中虑。虞仲、夷逸,隐居放言,则言不合先王之法者多矣,然清而不污也,权而适宜也,与方外之士害义伤教而乱大伦者殊科。是以均谓之逸民。"尹氏曰:"七人各守其一节,孔子则无可无不可,此所以常适其可,而异于逸民之徒也。"扬雄曰:"观乎圣人则见贤人。是以孟子语夷、惠,亦必以孔子断之。"

大师挚适齐,[1] 亚饭干适楚,三饭缭适蔡,四饭缺适秦。[2] 鼓方叔入于河,[3] 播鼗武入于汉,[4] 少师阳、击磬襄入于海。[5]

【朱子集注】

[1] 大,音泰。〇大师,鲁乐官之长。挚,其名也。

［2］饭，扶晚反。缭，音了。○亚饭以下，以乐侑食之官。干、缭、缺，皆名也。

［3］鼓，击鼓者。方叔，名。河，河内。

［4］鼗，徒刀反。○播，摇也。鼗，小鼓。两旁有耳，持其柄而摇之，则旁耳还自击。武，名也。汉，汉中。

［5］少，去声。○少师，乐官之佐。阳、襄，二人名。襄即孔子所从学琴者。海，海岛也。此记贤人之隐遁以附前章，然未必夫子之言也。末章放此。张子曰："周衰乐废，夫子自卫反鲁，一尝治之。其后，伶人贱工识乐之正。及鲁益衰，三桓僭妄，自大师以下，皆知散之四方，逾河蹈海以去乱。圣人俄顷之助，功化如此。如有用我，期月而可，岂虚语哉？"

周公谓鲁公曰："君子不施其亲，不使大臣怨乎不以。故旧无大故，则不弃也。无求备于一人。"[1]

【朱子集注】

［1］施，陆氏本作弛，诗纸反。福本同。○鲁公，周公子伯禽也。弛，遗弃也。以，用也。大臣非其人则去之，在其位则不可不用。大故，谓恶逆。李氏曰："四者皆君子之事，忠厚之至也。"○胡氏曰："此伯禽受封之国，周公训戒之辞。鲁人传诵，久而不忘也。其或夫子尝与门弟子言之欤？"

周有八士：伯达、伯适、仲突、仲忽、叔夜、叔夏、季随、季騧。[1]

【朱子集注】

［1］騧，乌瓜反。○或曰成王时人，或曰宣王时人。盖一母四乳而生八子也，然不可考矣。○张子曰："记善人之多也。"○愚按：此篇孔子

于三仁、逸民、师挚、八士,既皆称赞而品列之;于接舆、沮、溺、丈人,又每有惓惓接引之意。皆衰世之志也,其所感者深矣。在陈之叹,盖亦如此。三仁则无间然矣,其余数君子者,亦皆一世之高士。若使得闻圣人之道,以裁其所过而勉其所不及,则其所立,岂止于此而已哉?

卷第十

子张第十九

子张曰："士见危致命，见得思义，祭思敬，丧思哀，其可已矣。"[1]

【朱子集注】

[1] 致命，谓委致其命，犹言授命也。四者立身之大节，一有不至，则余无足观。故言士能如此，则庶乎其可矣。

子张曰："执德不弘，信道不笃，焉能为有？焉能为亡？"[1]

【朱子集注】

[1] 焉，於虔反。亡，读作无，下同。○有所得而守之太狭，则德孤；有所闻而信之不笃，则道废。焉能为有无，犹言不足为轻重。

子夏之门人问交于子张。子张曰："子夏云何？"对曰："子夏曰：'可者与之，其不可者拒之。'"子张曰："异乎吾所闻：君子尊贤而容众，嘉善而矜不能。我之大贤与，于人何所不容？我之不贤与，人将拒我，如之何其拒人也？"[1]

【朱子集注】

[1] 贤与之与,平声。○子夏之言迫狭,子张讥之是也。但其所言亦有过高之病。盖大贤虽无所不容,然大故亦所当绝;不贤固不可以拒人,然损友亦所当远。学者不可不察。

子夏曰:"虽小道,必有可观者焉;致远恐泥,是以君子不为也。"[1]

【朱子集注】

[1] 泥,去声。○小道,如农圃医卜之属。泥,不通也。○杨氏曰:"百家众技,犹耳目鼻口,皆有所明而不能相通。非无可观也,致远则泥矣,故君子不为也。"

子夏曰:"日知其所亡,月无忘其所能,可谓好学也已矣。"[1]

【朱子集注】

[1] 亡,读作无。好,去声。○亡,无也。谓己之所未有。○尹氏曰:"好学者日新而不失。"

子夏曰:"博学而笃志,切问而近思,仁在其中矣。"[1]

【朱子集注】

[1] 四者皆学问思辨之事耳,未及乎力行而为仁也。然从事于此,则心不外驰,而所存自熟,故曰仁在其中矣。○程子曰:"博学而笃志,切问而近思,何以言仁在其中矣? 学者要思得之。了此,便是彻上彻下之

道。"又曰:"学不博则不能守约,志不笃则不能力行。切问近思在己者,则仁在其中矣。"又曰:"近思者以类而推。"苏氏曰:"博学而志不笃,则大而无成;泛问远思,则劳而无功。"

子夏曰:"百工居肆以成其事,君子学以致其道。"[1]

【朱子集注】

[1]肆,谓官府造作之处。致,极也。工不居肆,则迁于异物而业不精。君子不学,则夺于外诱而志不笃。○尹氏曰:"学所以致其道也。百工居肆,必务成其事。君子之于学,可不知所务哉?"愚按:二说相须,其义始备。

子夏曰:"小人之过也必文。"[1]

【朱子集注】

[1]文,去声。○文,饰之也。小人惮于改过,而不惮于自欺,故必文以重其过。

子夏曰:"君子有三变:望之俨然,即之也温,听其言也厉。"[1]

【朱子集注】

[1]俨然者,貌之庄。温者,色之和。厉者,辞之确。○程子曰:"他人俨然则不温,温则不厉,惟孔子全之。"○谢氏曰:"此非有意于变,盖并行而不相悖也,如良玉温润而栗然。"

子夏曰：“君子信而后劳其民；未信，则以为厉己也。信而后谏；未信，则以为谤己也。”[1]

【朱子集注】

[1]信，谓诚意恻怛而人信之也。厉，犹病也。事上使下，皆必诚意交孚，而后可以有为。

子夏曰：“大德不逾闲，小德出入可也。”[1]

【朱子集注】

[1]大德、小德，犹言大节、小节。闲，阑也，所以止物之出入。言人能先立乎其大者，则小节虽或未尽合理，亦无害也。○吴氏曰：“此章之言，不能无弊。学者详之。”

子游曰：“子夏之门人小子，当洒扫、应对、进退，则可矣。抑末也，本之则无。如之何？”[1]子夏闻之，曰：“噫！言游过矣！君子之道，孰先传焉？孰后倦焉？譬诸草木，区以别矣。君子之道，焉可诬也？有始有卒者，其惟圣人乎！”[2]

【朱子集注】

[1]洒，色卖反。扫，素报反。○子游讥子夏弟子，于威仪容节之间则可矣。然此小学之末耳，推其本，如《大学》正心诚意之事，则无有。

[2]别，必列反。焉，於虔反。○倦，如诲人不倦之倦。区，犹类也。言君子之道，非以其末为先而传之，非以其本为后而倦教。但学者所至，自有浅深，如草木之有大小，其类固有别矣。若不量其浅深，不问其生熟，而概以高且远者强而语之，则是诬之而已。君子之道，岂可如此？若

夫始终本末一以贯之,则惟圣人为然,岂可责之门人小子乎? ○程子曰:"君子教人有序,先传以小者近者,而后教以大者远者。非先传以近小,而后不教以远大也。"又曰:"洒扫、应对,便是形而上者,理无大小故也。故君子只在慎独。"又曰:"圣人之道,更无精粗,从洒扫、应对,与精义入神通贯,只一理。虽洒扫、应对,只看所以然如何。"又曰:"凡物有本末,不可分本末为两段事。洒扫、应对是其然,必有所以然。"又曰:"自洒扫、应对上,便可到圣人事。"愚按:程子第一条,说此章文意最为详尽,其后四条,皆以明精粗本末。其分虽殊,而理则一。学者当循序而渐进,不可厌末而求本。盖与第一条之意,实相表里,非谓末即是本,但学其末而本便在此也。

子夏曰:"仕而优则学,学而优则仕。"[1]

【朱子集注】

[1] 优,有余力也。仕与学,理同而事异。故当其事者,必先有以尽其事,而后可及其余。然仕而学,则所以资其仕者益深;学而仕,则所以验其学者益广。

子游曰:"丧致乎哀而止。"[1]

【朱子集注】

[1] 致,极其哀,不尚文饰也。杨氏曰:"丧,与其易也宁戚,不若礼不足而哀有余之意。"愚按:"而止"二字,亦微有过于高远而简略细微之弊。学者详之。

子游曰:"吾友张也,为难能也,然而未仁。"[1]

【朱子集注】

[1] 子张行过高,而少诚实恻怛之意。

曾子曰:"堂堂乎张也,难与并为仁矣。"[1]

【朱子集注】

[1] 堂堂,容貌之盛。言其务外自高,不可辅而为仁,亦不能有以辅人之仁也。〇范氏曰:"子张外有余而内不足,故门人皆不与其为仁。子曰:'刚、毅、木、讷,近仁。'宁外不足而内有余,庶可以为仁矣。"

曾子曰:"吾闻诸夫子:人未有自致者也,必也亲丧乎!"[1]

【朱子集注】

[1] 致,尽其极也。盖人之真情所不能自已者。〇尹氏曰:"亲丧固所自尽也,于此不用其诚,恶乎用其诚?"

曾子曰:"吾闻诸夫子:孟庄子之孝也,其他可能也;其不改父之臣与父之政,是难能也。"[1]

【朱子集注】

[1] 孟庄子,鲁大夫,名速。其父献子,名蔑。献子有贤德,而庄子能用其臣,守其政。故其他孝行虽有可称,而皆不若此事之为难。

孟氏使阳肤为士师,问于曾子。曾子曰:"上失其道,民散久矣。如得其情,则哀矜而勿喜。"[1]

【朱子集注】

　　[1] 阳肤，曾子弟子。民散，谓情义乖离，不相维系。谢氏曰："民之散也，以使之无道，教之无素。故其犯法也，非迫于不得已，则陷于不知也。故得其情，则哀矜而勿喜。"

　　子贡曰："纣之不善，不如是之甚也。是以君子恶居下流，天下之恶皆归焉。"[1]

【朱子集注】

　　[1] 恶居之恶，去声。○下流，地形卑下之处，众流之所归。喻人身有污贱之实，亦恶名之所聚也。子贡言此，欲人常自警省，不可一置其身于不善之地，非谓纣本无罪，而虚被恶名也。

　　子贡曰："君子之过也，如日月之食焉：过也，人皆见之；更也，人皆仰之。"[1]

【朱子集注】

　　[1] 更，平声。

　　卫公孙朝问于子贡曰："仲尼焉学？"[1]子贡曰："文、武之道，未坠于地，在人。贤者识其大者，不贤者识其小者，莫不有文、武之道焉。夫子焉不学？而亦何常师之有？"[2]

【朱子集注】

　　[1] 朝，音潮。焉，於虔反。○公孙朝，卫大夫。
　　[2] 识，音志。下焉字，於虔反。○文、武之道，谓文王、武王之谟训

227

功烈与凡周之礼乐文章,皆是也。在人,言人有能记之者。识,记也。

叔孙武叔语大夫于朝,曰:"子贡贤于仲尼。"[1]子服景伯以告子贡。子贡曰:"譬之宫墙,赐之墙也及肩,窥见室家之好。[2]夫子之墙数仞,不得其门而入,不见宗庙之美、百官之富。[3]得其门者或寡矣。夫子之云,不亦宜乎!"[4]

【朱子集注】

[1] 语,去声。朝,音潮。○武叔,鲁大夫,名州仇。

[2] 墙卑室浅。

[3] 七尺曰仞。不入其门,则不见其中之所有,言墙高而宫广也。

[4] 此夫子,指武叔。

叔孙武叔毁仲尼。子贡曰:"无以为也,仲尼不可毁也。他人之贤者,丘陵也,犹可逾也;仲尼,日月也,无得而逾焉。人虽欲自绝,其何伤于日月乎? 多见其不知量也!"[1]

【朱子集注】

[1] 量,去声。○无以为,犹言无用为此。土高曰丘,大阜曰陵。日月,喻其至高。自绝,谓以谤毁自绝于孔子。多,与祗同,适也。不知量,谓不自知其分量。

陈子禽谓子贡曰:"子为恭也,仲尼岂贤于子乎?"[1]子贡曰:"君子一言以为知,一言以为不知,言不可不慎也。[2]夫子之不可及也,犹天之不可阶而升也。[3]夫子之得邦家者,所谓立之斯立,道之斯行,绥之斯来,动之斯和。其生也荣,其死也哀。如之何其可及也?"[4]

【朱子集注】

[1] 为恭,谓为恭敬推逊其师也。

[2] 知,去声。○责子禽不谨言。

[3] 阶,梯也。大可为也,化不可为也,故曰不可阶而升。

[4] 道,去声。○立之,谓植其生也。道,引也,谓教之也。行,从也。绥,安也。来,归附也。动,谓鼓舞之也。和,所谓于变时雍,言其感应之妙,神速如此。荣,谓莫不尊亲。哀,则如丧考妣。程子曰:"此圣人之神化,上下与天地同流者也。"○谢氏曰:"观子贡称圣人语,乃知晚年进德,盖极于高远也。夫子之得邦家者,其鼓舞群动,捷于桴鼓影响。人虽见其变化,而莫窥其所以变化也。盖不离于圣,而有不可知者存焉,此殆难以思勉及也。"

尧曰第二十

尧曰:"咨!尔舜!天之历数在尔躬,允执其中。四海困穷,天禄永终。"[1]舜亦以命禹。[2]曰:"予小子履,敢用玄牡,敢昭告于皇皇后帝:有罪不敢赦。帝臣不蔽,简在帝心。朕躬有罪,无以万方;万方有罪,罪在朕躬。"[3]周有大赉,善人是富。[4]"虽有周亲,不如仁人。百姓有过,在予一人。"[5]谨权量,审法度,修废官,四方之政行焉。[6]兴灭国,继绝世,举逸民,天下之民归心焉。[7]所重:民、食、丧、祭。[8]宽则得众,信则民任焉,敏则有功,公则说。[9]

【朱子集注】

[1]此尧命舜,而禅以帝位之辞。咨,嗟叹声。历数,帝王相继之次第,犹岁时气节之先后也。允,信也。中者,无过不及之名。四海之人困穷,则君禄亦永绝矣,戒之也。

[2]舜后逊位于禹,亦以此辞命之。今见于《虞书·大禹谟》,比此加详。

[3]此引《商书·汤诰》之辞。盖汤既放桀而告诸侯也。与《书》文大同小异。曰上当有汤字。履,盖汤名。用玄牡,夏尚黑,未变其礼也。简,阅也。言桀有罪,己不敢赦。而天下贤人,皆上帝之臣,己不敢蔽。简在帝心,惟帝所命。此述其初请命而伐桀之辞也。又言君有罪,非民所致,民有罪,实君所为,见其厚于责己、薄于责人之意。此其告诸侯之辞也。

[4]赉,来代反。○此以下述武王事。赉,予也。武王克商,大赉于四海。见《周书·武成》篇。此言其所富者,皆善人也。《诗序》云"赉,所

以锡予善人"，盖本于此。

[5]此《周书·太誓》之辞。○孔氏曰："周，至也。言纣至亲虽多，不如周家之多仁人。"

[6]权，称锤也。量，斗斛也。法度，礼乐、制度皆是也。

[7]兴灭继绝，谓封黄帝、尧、舜、夏、商之后。举逸民，谓释箕子之囚，复商容之位。三者皆人心之所欲也。

[8]《武成》曰："重民五教，惟食丧祭。"

[9]说，音悦。○此于武王之事无所见，恐或泛言帝王之道也。○杨氏曰："《论语》之书，皆圣人微言，而其徒传守之，以明斯道者也。故于终篇，具载尧、舜咨命之言，汤、武誓师之意，与夫施诸政事者，以明圣学之所传者，一于是而已，所以著明二十篇之大旨也。《孟子》于终篇，亦历叙尧、舜、汤、文、孔子相承之次，皆此意也。"

子张问于孔子曰："何如斯可以从政矣？"子曰："尊五美，屏四恶，斯可以从政矣。"子张曰："何谓五美？"子曰："君子惠而不费，劳而不怨，欲而不贪，泰而不骄，威而不猛。"[1]子张曰："何谓惠而不费？"子曰："因民之所利而利之，斯不亦惠而不费乎？择可劳而劳之，又谁怨？欲仁而得仁，又焉贪？君子无众寡，无小大，无敢慢，斯不亦泰而不骄乎？君子正其衣冠，尊其瞻视，俨然人望而畏之，斯不亦威而不猛乎？"[2]子张曰："何谓四恶？"子曰："不教而杀谓之虐；不戒视成谓之暴；慢令致期谓之贼；犹之与人也，出纳之吝，谓之有司。"[3]

【朱子集注】

[1]费，芳味反。

[2] 焉,於虔反。

[3] 出,去声。〇虐,谓残酷不仁。暴,谓卒遽无渐。致期,刻期也。贼者,切害之意。缓于前而急于后,以误其民,而必刑之,是贼害之也。犹之,犹言均之也,均之以物与人,而于其出纳之际,乃或吝而不果,则是有司之事,而非为政之体。所与虽多,人亦不怀其惠矣。项羽使人,有功当封,刻印刓,忍弗能予,卒以取败,亦其验也。〇尹氏曰:"告问政者多矣,未有如此之备者也。故记之以继帝王之治,则夫子之为政可知也。"

子曰:"不知命,无以为君子也。[1] 不知礼,无以立也。[2] 不知言,无以知人也。"[3]

【朱子集注】

[1] 程子曰:"知命者,知有命而信之也。人不知命,则见害必避,见利必趋,何以为君子?"

[2] 不知礼,则耳目无所加,手足无所措。

[3] 言之得失,可以知人之邪正。〇尹氏曰:"知斯三者,则君子之事备矣。弟子记此以终篇,得无意乎? 学者少而读之,老而不知一言为可用,不几于侮圣言者乎? 夫子之罪人也,可不念哉?"

大学　中庸

前　言

金良年

一

《大学》和《中庸》原是《礼记》中的两个单篇。"记"是古代门徒弟子记载宗师述论大意的一种体裁（当时把创造性的作品称为"作"，根据现有材料编写的作品称为"述"，孔子就自称"述而不作"），有点类似于现在的听课笔记。后来，把学者阐发本学派理论的作品也称为"记"。《汉书·艺文志》六艺略的礼类就录有"记百三十篇"，颜师古注："七十子后学者所记也。"《大学》和《中庸》应该也包括在这些孔门后学阐述礼经和礼学的篇章中。到了西汉武帝时，戴德、戴圣兄弟曾先后对这些篇章进行整理，分别编有《大戴礼记》八十五篇、《小戴礼记》四十九篇。《大学》和《中庸》就收录于现存的《小戴礼记》（后来简称为《礼记》）中。据东汉末年为《礼记》作注的郑玄《礼记目录》，这两篇都属于"通论"类，除此之外并没有予以特别的表彰和称扬。到了宋代，随着新儒家（理学）的兴起，出于构建理论体系和"道统"的需要，把这两篇和《论语》、《孟子》合称"四子书"（即孔子、曾子、子思、孟子的著作，后来即简称"四书"），它们的地位才得到很大的提升。元仁宗皇庆二年(1313)确定科举条制，"汉人、南人第一场明经经疑二问，《大学》、《论语》、《孟子》、《中庸》内出题，并用朱氏《章句》、《集注》，复以己意结之"（《元史·选举一》），这一制度后来被明、清所继承，逐渐演变为八股文取士，于是"四书"成为士人学子的必读之书。

二

在汉代，《大学》究竟出于"七十子后学"的哪一家之手，是个不明确的问题。宋代的理学家把它的著作权判给了孔子的弟子曾子一派，这在当时和后世都有人提出过疑问，当代学者中有认为它属于荀子一派者（如冯友兰），也有认为它出于思孟学派者（如郭沫若），近年来随着先秦古文献的陆续出土，《大学》的著作权再度提起，或有说作于子思者，或有认同曾子一派者，相互都难以说服。尽管著作权归属没有定论，但它确实是先秦文献是一致认同的。

《大学》的篇幅是"四书"中最短的，全文不到两千字，大致可以分为两个段落，是一篇首尾基本完具的论文，因为该篇的开头有"大学"二字，所以用作篇名。

《大学》提出，"明明德"（彰明自身的美德）、"亲民"（亲爱民众）、"止于至善"（追求尽善的行为）是君子"近于道"的三项要求，而实现的途径则以"修身"为要，"自天子以至于庶人，壹是皆以修身为本"，其中心思想是"论学成之事能治其国，章明其德于天下，却本明德所由先从诚意为始"（唐孔颖达《礼记正义》）。这是汉、唐儒家学者对《大学》的理解。被纳入"四书"体系中的《大学》就大不相同了，理学家首先援引汉代的学制对"大学"的涵意作了新的解释，认为所谓的"大学"是相对于"小学"而言的君子达道从政之学，"人生八岁，则自王公以下至于庶人之子弟皆入小学，而教之以洒扫、应对、进退之节，礼、乐、射、御、书、数之文；及其十有五年，则自天子之元子、众子以至公卿、大夫、元士之适子，与凡民之俊秀皆入大学，而教之以穷理正心、修己治人之道"（朱熹《大学章句》序）。他们不仅在文字释读上竭力贯穿自己的思想，例如"亲民"，过去一般按字面解释为"大学之道在于亲爱于民"（唐孔颖达《礼记正义》），而理学家则认为，这里的"亲"应当读作"新"，是使民众自新的意思。他们把明明德、新民、止于至善上升为学习儒家理论的"三纲"，把格物、致知、诚意、正心、修身、齐家、治国、平天下等称为实现"三纲"的八个循序渐进项目，简称"三纲八目"。为了突出这一理论纲领，他们借口收在《礼记》中的《大学》本子有错乱，将其重新析分编排为经一章、传十章，认为经是"孔子之言而曾子述之"，传是"曾子立意而门人记之"，经首先揭明"三纲八目"，传则逐节予以解说，"前四章统论纲领指趣，后六章细论条目工夫"（朱熹《大学章句》），但原来的文本中能和释格物、致知相对应的传却只有"此谓知本，此谓知之至"一句话，而且理学家还认为，前一句是上一章传的衍文，于是朱熹在《大学章句》中为此补写了一节所谓阙失的传，藉此强化了"格物致知"在整个"三纲八目"中的地位和重要性。经过这一番从里到外的改造之后，《大学》成了儒家"初学入德之门"的必读书，"于今可见古人为学次第者，独赖此篇之存，而《论》、《孟》次之。学者必由是而学焉，则庶乎其不差矣"（朱熹《大学章句》）。朱熹在讲学中多次强调，"学问须以《大学》为先"，"《大学》是修身治人底规模，如人起屋相似，须先打个地盘，地盘既成则可举而行之矣"，"《大学》是为学纲目。……通得《大学》了，去看他经，方见得此是格物、致知事，此是正心、诚意事，此是修身事，此是齐家、治国、平天下事"（《朱子语类》卷十四）。

三

《中庸》的作者，据郑玄《礼记目录》说是"孔子之孙子思伋作之", 钱穆认为这是汉以前的旧说(《四书解题及其读法》)。孔子去世后, 儒家分为八派, "子思之儒"就是其中的一个派别(《韩非子·显学》)。《中庸》的著作权虽然在后世亦不乏争议, 但基本归属于思孟学派是大致没有疑义的, 问题在于它的文本不太可靠, 一是它的名篇方式不同于《大学》, 不是取正文开头的二字为题, 而是撮举文章的内容核心, 这属于战国晚期的文体; 二是它的行文中夹杂着一些可能在秦汉时代才可能出现的语词(如"今天下车同轨、书同文、行同伦"之类), 结构也不像《大学》那样严密。因此, 一般认为, 它可能是由几篇材料合编而成的, 而且还可能经过了秦汉时代人的润色。

《中庸》全文近三千六百字, 在《礼记》中也属于"通论"类, 郑玄《礼记目录》说: "名曰'中庸'者, 以其记中和之为用也。庸, 用也。"早在西汉时代就有单独疏释它的著作流传(《汉书·艺文志》录有《中庸说》二篇), 后世续有所作, 而宋代理学家把它编入"四书", 更在它的研究史上开创了一个新的阶段。

"四书"中的《中庸》, 其序列在《孟子》之后, 而一般习惯于将它与《大学》并列则是因为这两篇的篇幅较短, 书册装订时合为一册而形成的次序。理学家对《中庸》的改造体现在两个方面, 一是对全文脉络的重新梳理, 把全篇划分为三十三章(在此之前各家对《中庸》的分章不一, 唐代的《礼记正义》分为三十六章, 而宋人晁说之的《中庸传》更细分为八十二章), "其首章子思推本先圣所传之意以立言, 盖一篇之体要, 而其下十章则引先圣之所尝言者以明之也, 至十二章又子思之言, 而其下八章复以先圣之言明之也, 二十一章以下至于卒章则又皆子思之言, 反复推说, 互相发明, 以尽所传之意者也"(朱熹《晦庵集》卷八十一《书〈中庸〉后》)。也就是说,《中庸》全文分为三个部分, 第一部分是一至十一章, 其中第一章是全文的总纲,

"首明道之本原出于天而不可易";第二部分是第十二至二十章,而以第十二章为枢纽,"申明首章道不可离之意也";第二十一章以下为第三部分,其最后一章是全书的总结,"盖举一篇之要而约言之,其反复丁宁示人之意至深切矣"(朱熹《中庸章句》)。改造的另一个方面则是对一些重要的思想概念,如"天"、"性"、"心"、"道"、"诚"的重新阐释。这样一来,在汉、唐经学家眼中仅仅是"记中和之为用"的一般论述,上升成了"孔门传授心法","其书始言一理,中散为万事,末复合为一理,'放之则弥六合,卷之则退藏于密',其味无穷,皆实学也,善读者玩索而有得焉,则终身用之有不能尽者矣"(朱熹《中庸章句》)。

然而,由于《中庸》文本的自身不整齐的缺陷,所以理学家的改造也感到很费力,朱熹曾感叹说:"《中庸》一书,枝枝相对,叶叶相当,不知怎生做得一个文字齐整!"所以当门弟子向他讨教研读《中庸》的方法时,他说:"《中庸》之书难看。中间说鬼、说神都无理会,学者须是见得个道理了,方可看此书,将来印证。""某说个读书之序,须是且着力去看《大学》,又着力去看《论语》,又着力去看《孟子》。看得三书了,这《中庸》半截都了,不用问人,只略略恁看过。不可掉了易底,却先去攻那难底。《中庸》多说无形影,如鬼神、如'天地参'等类,说得高,说下学处少,说上达处多,若且理会文义则可矣。"(《朱子语类》卷六十二)也就是说,《中庸》的研读在理学中属于"高级班",初学者不易很快领会,但虽然难读,其重要性则是不言而喻的。毛泽东在延安研究哲学时,也曾对理学家阐述的中庸概念予以关注,他说:"依照现在我们的观点说来,过与不及乃指一定事物在时间与空间中运动,当其发展到一定状态时,应从量的关系上找出与确定其一定的质,这就是'中'或'中庸',或'时中'。说这个事物已经不是这种状态而进到别种状态了,这就是别一种质,就是

'过'或'左'倾了。说这个事物还停止在原来状态并无发展,这是老的事物,是概念停滞,是守旧顽固,是右倾,是'不及'。孔子的中庸观念没有这种发展的思想,乃是排斥异端树立己说的意思为多,然而是从量上去找出与确定质而反对'左'右倾则是无疑的。这个思想的确如伯达所说是孔子的一大发现,一大功绩,是哲学的重要范畴,值得很好地解释一番。"(致张闻天,一九三九年二月二十日,载《毛泽东书信选集》)

四

在"四书"中,理学家对《大学》和《中庸》进行从形式到内容的改造功夫较大,所以朱熹为《论语》、《孟子》作的注释称为"集注",意思是仅是综合前人的诸多解释断以己意,而《大学》和《中庸》则为"章句"。在古代的著述体例中,"章句"是一种对原典带有创意性释读的体裁,清沈钦韩《汉书疏证》说:"章句者,经师指括其文,敷畅其义,以相教授。"在理学家对《大学》、《中庸》进行改造的两种手法,即增减经文和对概念的重新解释中,较多受到后人指责的是增减经文,其中尤以重分《大学》经传和补写所谓"阙传"为甚。然而,在理学家所处的宋代,"疑经"、"改经"是流行的学术风气,所以在当时看来也并不很"离经叛道",而且当时及后来试图重新编定《大学》的不止程、朱一家,据清代毛奇龄在《大学证文》中所列有近十家之多,而且都自称是恢复了《大学》"真古本"的面目,清人所撰《四库》提要认为,这些改易"譬如增减古方以治今病,不可谓无裨于医疗,而亦不可谓即扁鹊、仓公之旧剂也",只要"纲目分明,使学者易于致力","章句不易,使古经不至失真,各明一义,固可以并行不悖耳"(《四库全书总目》卷三十六),是比较中肯的。理学家之改造《大学》和《中庸》,确有其构建"道统"体系的学术需求,朱熹曾对学生说:"《大学章句》次第得皆明白易晓,不必《或问》,但致知、格物与诚意较难理会,不得不明辨之耳。"(《朱子语类》卷十四)由于我们现在阅读的《大学》和《中庸》,基本上是经过理学家改造的本子,因此,对此应该有一个客观的认识。

此次整理,我们以宋代当涂郡斋刻本《四书章句集注》为底本,校以其他宋、元本,底本误者据校本径改,不出校记。

目　录

大　学

大学章句序

朱　熹

　　《大学》之书，古之大学所以教人之法也。盖自天降生民，则既莫不与之以仁义礼智之性矣。然其气质之禀或不能齐，是以不能皆有以知其性之所有而全之也。一有聪明睿智能尽其性者出于其间，则天必命之以为亿兆之君师，使之治而教之，以复其性。此伏羲、神农、黄帝、尧、舜所以继天立极，而司徒之职、典乐之官所由设也。

　　三代之隆，其法寖备，然后王宫、国都以及闾巷，莫不有学。人生八岁，则自王公以下，至于庶人之子弟，皆入小学，而教之以洒扫、应对、进退之节，礼乐、射御、书数之文。及其十有五年，则自天子之元子、众子，以至公、卿、大夫、元士之適子，与凡民之俊秀，皆入大学，而教之以穷理、正心、修己、治人之道。此又学校之教、大小之节所以分也。

　　夫以学校之设，其广如此，教之之术，其次第节目之详又如此，而其所以为教，则又皆本之人君躬行心得之余，不待求之民生日用彝伦之外，是以当世之人无不学。其学焉者，无不有以知其性分之所固有，职分之所当为，而各俛焉以尽其力。此古昔盛时所以治隆于上，俗美于下，而非后世之所能及也！

及周之衰，贤圣之君不作，学校之政不修，教化陵夷，风俗颓败，时则有若孔子之圣，而不得君师之位以行其政教，于是独取先王之法，诵而传之，以诏后世。若《曲礼》、《少仪》、《内则》、《弟子职》诸篇，固小学之支流余裔，而此篇者，则因小学之成功以著大学之明法，外有以极其规模之大，而内有以尽其节目之详者也。三千之徒，盖莫不闻其说，而曾氏之传独得其宗，于是作为传义，以发其意。及孟子没而其传泯焉，则其书虽存，而知者鲜矣！

自是以来，俗儒记诵词章之习，其功倍于小学而无用；异端虚无寂灭之教，其高过于大学而无实。其他权谋术数，一切以就功名之说，与夫百家众技之流，所以惑世诬民、充塞仁义者，又纷然杂出乎其间。使其君子不幸而不得闻大道之要，其小人不幸而不得蒙至治之泽，晦盲否塞，反复沈痼，以及五季之衰，而坏乱极矣！

天运循环，无往不复。宋德隆盛，治教休明。于是河南程氏两夫子出，而有以接乎孟氏之传，实始尊信此篇而表章之，既又为之次其简编，发其归趣，然后古者大学教人之法、圣经贤传之指，粲然复明于世。虽以熹之不敏，亦幸私淑而与有闻焉。顾其为书犹颇放失，是以忘其固陋，采而辑之，间亦窃附己意，补其阙略，以俟后之君子。极知僭逾无所逃罪，然于国家化民成俗之意、学者修己治人之方，则未必无小补云。

淳熙己酉二月甲子，新安朱熹序。

大学章句[1]

子程子曰:"《大学》,孔氏之遗书,而初学入德之门也。"于今可见古人为学次第者,独赖此篇之存,而《论》、《孟》次之。学者必由是而学焉,则庶乎其不差矣。

【朱子章句】
　[1]大,旧音泰,今读如字。

大学之道,在明明德,在亲民,在止于至善。[1]知止而后有定,定而后能静,静而后能安,安而后能虑,虑而后能得。[2]物有本末,事有终始,知所先后,则近道矣。[3]古之欲明明德于天下者,先治其国;欲治其国者,先齐其家;欲齐其家者,先修其身;欲修其身者,先正其心;欲正其心者,先诚其意;欲诚其意者,先致其知;致知在格物。[4]物格而后知至,知至而后意诚,意诚而后心正,心正而后身修,身修而后家齐,家齐而后国治,国治而后天下平。[5]自天子以至于庶人,壹是皆以修身为本。[6]其本乱而末治者否矣,其所厚者薄,而其所薄者厚,未之有也![7]

右经一章,盖孔子之言,而曾子述之。凡二百五字。其传十章,则曾子之意而门人记之也。旧本颇有错简,今因程子所定,而更考经文,别为序次如左。凡千五百四十六字。○凡传文,杂引经传,若无统纪,然文理接续,血脉贯通,深浅始终,至为精密。熟读详味,久当见之,今不尽释也。

【朱子章句】

[1] 程子曰:"亲,当作新。"○大学者,大人之学也。明,明之也。明德者,人之所得乎天,而虚灵不昧,以具众理而应万事者也。但为气禀所拘,人欲所蔽,则有时而昏;然其本体之明,则有未尝息者。故学者当因其所发而遂明之,以复其初也。新者,革其旧之谓也,言既自明其明德,又当推以及人,使之亦有以去其旧染之污也。止者,必至于是而不迁之意。至善,则事理当然之极也。言明明德、新民,皆当止于至善之地而不迁。盖必其有以尽夫天理之极,而无一毫人欲之私也。此三者,大学之纲领也。

[2] 后,与後同,后放此。○止者,所当止之地,即至善之所在也。知之,则志有定向。静,谓心不妄动。安,谓所处而安。虑,谓处事精详。得,谓得其所止。

[3] 明德为本,新民为末。知止为始,能得为终。本始所先,末终所后。此结上文两节之意。

[4] 治,平声,后放此。○明明德于天下者,使天下之人皆有以明其明德也。心者,身之所主也。诚,实也。意者,心之所发也。实其心之所发,欲其一于善而无自欺也。致,推极也。知,犹识也。推极吾之知识,欲其所知无不尽也。格,至也。物,犹事也。穷至事物之理,欲其极处无不到也。此八者,《大学》之条目也。

[5] 治,去声,后放此。○物格者,物理之极处无不到也。知至者,吾心之所知无不尽也。知既尽,则意可得而实矣,意既实,则心可得而正矣。修身以上,明明德之事也。齐家以下,新民之事也。物格知至,则知所止矣。"意诚"以下,则皆得所止之序也。

[6] 壹是,一切也。正心以上,皆所以修身也。齐家以下,则举此而

措之耳。

[7] 本，谓身也。所厚，谓家也。此两节结上文两节之意。

《康诰》曰："克明德。"[1]《大甲》曰："顾諟天之明命。"[2]
《帝典》曰："克明峻德。"[3] 皆自明也。[4]

　　右传之首章。释明明德。此通下三章至"止于信"，旧本误在"没
　　世不忘"之下。

【朱子章句】

　　[1]《康诰》，《周书》。克，能也。

　　[2] 大，读作泰。諟，古是字。○《大甲》，《商书》。顾，谓常目在之
也。諟，犹此也，或曰审也。天之明命，即天之所以与我，而我之所以为
德者也。常目在之，则无时不明矣。

　　[3] 峻，《书》作俊。○《帝典》，《尧典》，《虞书》。峻，大也。

　　[4] 结所引书，皆言自明己德之意。

汤之《盘铭》曰："苟日新，日日新，又日新。"[1]《康诰》
曰："作新民。"[2]《诗》曰："周虽旧邦，其命惟新。"[3] 是故君
子无所不用其极。[4]

　　右传之二章。释新民。

【朱子章句】

　　[1] 盘，沐浴之盘也。铭，名其器以自警之辞也。苟，诚也。汤以人
之洗濯其心以去恶，如沐浴其身以去垢。故铭其盘，言诚能一日有以涤
其旧染之污而自新，则当因其已新者，而日日新之，又日新之，不可略有
间断也。

　　[2] 鼓之舞之之谓作。言振起其自新之民也。

[3]《诗·大雅·文王》之篇。言周国虽旧,至于文王,能新其德以及于民,而始受天命也。

[4] 自新、新民,皆欲止于至善也。

《诗》云:"邦畿千里,惟民所止。"[1]《诗》云:"缗蛮黄鸟,止于丘隅。"子曰:"于止,知其所止,可以人而不如鸟乎!"[2]《诗》云:"穆穆文王,於缉熙敬止!"为人君,止于仁;为人臣,止于敬;为人子,止于孝;为人父,止于慈;与国人交,止于信。[3]《诗》云:"瞻彼淇澳,菉竹猗猗。有斐君子,如切如磋,如琢如磨。瑟兮僴兮,赫兮喧兮。有斐君子,终不可諠兮!"如切如磋者,道学也。如琢如磨者,自修也。瑟兮僴兮者,恂栗也。赫兮喧兮者,威仪也。有斐君子,终不可諠兮者,道盛德至善,民之不能忘也。[4]《诗》云:"於戏,前王不忘!"君子贤其贤而亲其亲,小人乐其乐而利其利,此以没世不忘也。[5]

右传之三章。释止于至善。此章内自引《淇澳》诗以下,旧本误在诚意章下。

【朱子章句】

[1]《诗·商颂·玄鸟》之篇。邦畿,王者之都也。止,居也,言物各有所当止之处也。

[2] 缗,《诗》作绵。○《诗·小雅·绵蛮》之篇。缗蛮,鸟声。丘隅,岑蔚之处。"子曰"以下,孔子说《诗》之辞。言人当知所当止之处也。

[3] 於缉之於,音乌。○《诗·文王》之篇。穆穆,深远之意。於,叹美辞。缉,继续也。熙,光明也。敬止,言其无不敬而安所止也。引此而言圣人之止,无非至善。五者乃其目之大者也。学者于此,究其精微之

蕴，而又推类以尽其余，则于天下之事，皆有以知其所止而无疑矣。

[4]澳，於六反。菉，《诗》作绿。猗，叶韵，音阿。僩，下版反。喧，《诗》作咺；諠，《诗》作諼，并况晚反。恂，郑氏读作峻。○《诗·卫风·淇澳》之篇。淇，水名。澳，隈也。猗猗，美盛貌。兴也。斐，文貌。切以刀锯，琢以椎凿，皆裁物使成形质也。磋以鑢錫，磨以沙石，皆治物使其滑泽也。治骨角者，既切而复磋之。治玉石者，既琢而复磨之。皆言其治之有绪，而益致其精也。瑟，严密之貌。僩，武毅之貌。赫喧，宣著盛大之貌。諠，忘也。道，言也。学，谓讲习讨论之事。自修者，省察克治之功。恂栗，战惧也。威，可畏也。仪，可象也。引《诗》而释之，以明明明德者之止于至善。道学、自修，言其所以得之之由。恂栗、威仪，言其德容表里之盛。卒乃指其实而叹美之也。

[5]於戏，音呜呼。乐，音洛。○《诗·周颂·烈文》之篇。於戏，叹辞。前王，谓文、武也。君子，谓其后贤后王。小人，谓后民也。此言前王所以新民者止于至善，能使天下后世无一物不得其所，所以既没世而人思慕之，愈久而不忘也。此两节咏叹淫泆，其味深长，当熟玩之。

子曰："听讼，吾犹人也，必也使无讼乎！"无情者不得尽其辞。大畏民志，此谓知本。[1]

右传之四章。释本末。此章旧本误在"止于信"下。

【朱子章句】

[1]犹人，不异于人也。情，实也。引夫子之言，而言圣人能使无实之人不敢尽其虚诞之辞。盖我之明德既明，自然有以畏服民之心志，故讼不待听而自无也。观于此言，可以知本末之先后矣。

此谓知本。[1]此谓知之至也。[2]

右传之五章。盖释格物、致知之义，而今亡矣。此章旧本通下章，误在经文之下。间尝窃取程子之意以补之曰："所谓致知在格物者,言欲致吾之知,在即物而穷其理也。盖人心之灵莫不有知,而天下之物莫不有理,惟于理有未穷,故其知有不尽也。是以《大学》始教,必使学者即凡天下之物,莫不因其已知之理而益穷之,以求至乎其极。至于用力之久,而一旦豁然贯通焉,则众物之表里精粗无不到,而吾心之全体大用无不明矣。此谓物格,此谓知之至也。"

【朱子章句】

[1] 程子曰:衍文也。

[2] 此句之上别有阙文,此特其结语耳。

所谓诚其意者,毋自欺也。如恶恶臭,如好好色,此之谓自谦。故君子必慎其独也![1]小人闲居为不善,无所不至,见君子而后厌然,掩其不善,而著其善。人之视己,如见其肺肝然,则何益矣。此谓诚于中,形于外,故君子必慎其独也。[2]曾子曰:"十目所视,十手所指,其严乎!"[3]富润屋,德润身,心广体胖,故君子必诚其意。[4]

右传之六章。释诚意。经曰:"欲诚其意,先致其知。"又曰:"知至而后意诚。"盖心体之明有所未尽,则其所发必有不能实用其力,而苟焉以自欺者。然或已明而不谨乎此,则其所明又非己有,而无以为进德之基。故此章之指,必承上章而通考之,然后有以见其用力之始终,其序不可乱而功不可阙如此云。

【朱子章句】

[1] 恶、好,上字皆去声。谦,读为慊,苦劫反。〇诚其意者,自修之首也。毋者,禁止之辞。自欺云者,知为善以去恶,而心之所发有未实也。谦,快也,足也。独者,人所不知而己所独知之地也。言欲自修者知

为善以去其恶，则当实用其力，而禁止其自欺。使其恶恶则如恶恶臭，好善则如好好色，皆务决去，而求必得之，以自快足于己，不可徒苟且以徇外而为人也。然其实与不实，盖有他人所不及知而己独知之者，故必谨之于此以审其几焉。

[2] 閒，音闲。厌，郑氏读为黡。○閒居，独处也。厌然，消沮闭藏之貌。此言小人阴为不善，而阳欲掩之，则是非不知善之当为与恶之当去也，但不能实用其力以至此耳。然欲掩其恶而卒不可掩，欲诈为善而卒不可诈，则亦何益之有哉！此君子所以重以为戒，而必谨其独也。

[3] 引此以明上文之意。言虽幽独之中，而其善恶之不可掩如此，可畏之甚也。

[4] 胖，步丹反。○胖，安舒也。言富则能润屋矣，德则能润身矣，故心无愧怍，则广大宽平，而体常舒泰，德之润身者然也。盖善之实于中而形于外者如此，故又言此以结之。

所谓修身在正其心者：身有所忿懥，则不得其正；有所恐惧，则不得其正；有所好乐，则不得其正；有所忧患，则不得其正。[1] 心不在焉，视而不见，听而不闻，食而不知其味。[2] 此谓修身在正其心。

> 右传之七章。释正心、修身。此亦承上章以起下章。盖意诚则真无恶而实有善矣，所以能存是心以检其身。然或但知诚意，而不能密察此心之存否，则又无以直内而修身也。○自此以下，并以旧文为正。

【朱子章句】

[1] 程子曰："身有之身，当作心。"忿，弗粉反。懥，敕值反。好、乐，并去声。○忿懥，怒也。盖是四者，皆心之用，而人所不能无者。然一有之而不能察，则欲动情胜，而其用之所行，或不能不失其正矣。

[2] 心有不存，则无以检其身，是以君子必察乎此而敬以直之，然后

此心常存而身无不修也。

所谓齐其家在修其身者:人之其所亲爱而辟焉,之其所贱恶而辟焉,之其所畏敬而辟焉,之其所哀矜而辟焉,之其所敖惰而辟焉。故好而知其恶,恶而知其美者,天下鲜矣![1]故谚有之曰:"人莫知其子之恶,莫知其苗之硕。"[2]此谓身不修不可以齐其家。

　　右传之八章。释修身齐家。

【朱子章句】

　　[1]辟,读为僻。恶而之恶、敖、好,并去声。鲜,上声。○人,谓众人。之,犹于也。辟,犹偏也。五者,在人本有当然之则,然常人之情惟其所向而不加审焉,则必陷于一偏而身不修矣。

　　[2]谚,音彦。硕,叶韵,时若反。○谚,俗语也。溺爱者不明,贪得者无厌,是则偏之为害,而家之所以不齐也。

所谓治国必先齐其家者,其家不可教而能教人者,无之。故君子不出家而成教于国:孝者,所以事君也;弟者,所以事长也;慈者,所以使众也。[1]《康诰》曰"如保赤子",心诚求之,虽不中,不远矣。未有学养子而后嫁者也![2]一家仁,一国兴仁;一家让,一国兴让;一人贪戾,一国作乱;其机如此。此谓一言偾事,一人定国。[3]尧、舜帅天下以仁,而民从之;桀、纣帅天下以暴,而民从之;其所令反其所好,而民不从。是故君子有诸己而后求诸人,无诸己而后非诸人。所藏乎身不恕,而能喻诸人者,未之有也。[4]故治国在齐其家。[5]《诗》云:"桃之夭夭,其叶蓁蓁;之子于归,宜其家人。"宜其家人,而后可以教国人。[6]《诗》云:"宜兄宜弟。"宜兄宜弟,而后可以教国人。[7]《诗》云:"其仪不忒,正是四国。"其为父子兄弟足法,而后民法之也。[8]此谓治国在齐其家。[9]

右传之九章。释齐家、治国。

【朱子章句】

[1]弟,去声。长,上声。○身修,则家可教矣;孝、弟、慈,所以修身而教于家者也;然而国之所以事君、事长、使众之道,不外乎此。此所以家齐于上,而教成于下也。

[2]中,去声。○此引《书》而释之,又明立教之本不假强为,在识其端而推广之耳。

[3]偾,音奋。○一人,谓君也。机,发动所由也。偾,覆败也。此言教成于国之效。

[4]好,去声。○此又承上文一人定国而言。有善于己,然后可以责人之善;无恶于己,然后可以正人之恶。皆推己以及人,所谓恕也。不如是,则所令反其所好,而民不从矣。喻,晓也。

[5]通结上文。

[6]夭,平声。蓁,音臻。○《诗·周南·桃夭》之篇。夭夭,少好貌。蓁蓁,美盛貌。兴也。之子,犹言是子,此指女子之嫁者而言也。妇人谓嫁曰归。宜,犹善也。

[7]《诗·小雅·蓼萧》篇。

[8]《诗·曹风·鸤鸠》篇。忒,差也。

[9]此三引《诗》,皆以咏叹上文之事,而又结之如此。其味深长,最宜潜玩。

所谓平天下在治其国者:上老老而民兴孝,上长长而民兴弟，上恤孤而民不倍，是以君子有絜矩之道也。[1]所恶于上，毋以使下；所恶于下，毋以事上；所恶于前，毋以先后；所恶于后，毋以从前；所恶于右，毋以交于左；所恶于左，毋以交于右：此之谓絜矩之道。[2]《诗》云："乐只君子，民之父母。"民之所好好之，民之所恶恶之，此之谓民之父母。[3]《诗》云："节彼南山，维石岩岩。赫赫师尹，民具尔瞻。"有国者不可以不慎，辟则为天下僇矣。[4]《诗》云："殷之未丧师，克配上帝。仪监于殷，峻命不易。"道得众则得国，失众则失国。[5]是故君子先慎乎德。有德此有人，有人此有土，有土此有财，有财此有用。[6]德者，本也；财者，末也。[7]外本内末，争民施夺。[8]是故财聚则民散，财散则民聚。[9]是故言悖而出者，亦悖而入；货悖而入者，亦悖而出。[10]《康诰》曰："惟命不于常！"道善则得之，不善则失之矣。[11]楚书曰："楚国无以为宝，惟善以为宝。"[12]舅犯曰："亡人无以为宝，仁亲以为宝。"[13]

《秦誓》曰："若有一个臣，断断兮无他技，其心休休焉，其如有容焉。人之有技，若己有之，人之彦圣，其心好之，不啻若自其口出，实能容之，以能保我子孙黎民，尚亦有利哉。人之有技，媢疾以恶之，人之彦圣，而违之俾不通，实不能容，以不能保我子孙黎民，亦曰殆哉。"[14]唯仁人放流之，迸诸四夷，不与同中国。此谓唯仁人为能爱人，能恶人。[15]见贤而不能举，举而不能先，命也；见不善而不能退，退而不能远，过也。[16]好人之所恶，恶人之所好，是谓拂人之性，菑必逮夫身。[17]是故君子有大道，必忠信以得之，骄泰以失之。[18]生财有大道，生之者众，食之者寡，为之者疾，用之者舒，则财恒足矣。[19]仁者以财发身，不仁者以身发财。[20]未有上好仁而下不好义者也，未有好义其事不终者也，未有府库财非其财者也。[21]孟献子曰："畜马乘，不察于鸡豚；伐冰之家，不畜牛羊；百乘之家，不畜聚敛之臣。与其有聚敛之臣，宁有盗臣。"此谓国不以利为利，以义为利也。[22]

长国家而务财用者，必自小人矣。彼为善之，小人之使为国家，灾害并至。虽有善者，亦无如之何矣！此谓国不以利为利，以义为利也。[23]

右传之十章。释治国、平天下。

此章之义，务在与民同好恶而不专其利，皆推广絜矩之意也。能如是，则亲贤乐利各得其所，而天下平矣。

凡传十章：前四章统论纲领指趣，后六章细论条目功夫。其第五章乃明善之要，第六章乃诚身之本，在初学尤为当务之急，读者不可以其近而忽之也。

【朱子章句】

[1]长，上声。弟，去声。倍与背同。絜，胡结反。○老老，所谓老吾老也。兴，谓有所感发而兴起也。孤者，幼而无父之称。絜，度也。矩，所以为方也。言此三者，上行下效，捷于影响，所谓家齐而国治也。亦可以见人心之所同，而不可使有一夫之不获矣。是以君子必当因其所同，推以度物，使彼我之间各得分愿，则上下四旁均齐方正，而天下平矣。

[2]恶、先，并去声。○此复解上文"絜矩"二字之义。如不欲上之无礼于我，则必以此度下之心，而亦不敢以此无礼使之。不欲下之不忠于我，则必以此度上之心，而亦不敢以此不忠事之。至于前后左右，无不皆然，则身之所处，上下四旁，长短广狭，彼此如一，而无不方矣。彼同有

是心而兴起焉者,又岂有一夫之不获哉?所操者约,而所及者广,此平天下之要道也。故章内之意,皆自此而推之。

[3] 乐,音洛。只,音纸。好、恶,并去声,下并同。○《诗·小雅·南山有台》之篇。只,语助辞。言能絜矩而以民心为己心,则是爱民如子,而民爱之如父母矣。

[4] 节,读为截。辟,读为僻。僇与戮同。○《诗·小雅·节南山》之篇。节,截然高大貌。师尹,周太师尹氏也。具,俱也。辟,偏也。言在上者人所瞻仰,不可不谨。若不能絜矩而好恶徇于一己之偏,则身弑国亡,为天下之大戮矣。

[5] 丧,去声。仪,《诗》作宜。峻,《诗》作骏。易,去声。○《诗·文王》篇。师,众也。配,对也。配上帝,言其为天下君,而对乎上帝也。监,视也。峻,大也。不易,言难保也。道,言也。引《诗》而言此,以结上文两节之意。有天下者,能存此心而不失,则所以絜矩而与民同欲者,自不能已矣。

[6] 先谨乎德,承上文不可不慎而言。德,即所谓明德。有人,谓得众。有土,谓得国。有国,则不患无财用矣。

[7] 本上文而言。

[8] 人君以德为外,以财为内,则是争斗其民,而施之以劫夺之教也。盖财者人之所同欲,不能絜矩而欲专之,则民亦起而争夺矣。

[9] 外本内末故财聚,争民施夺故民散。反是,则有德而有人矣。

[10] 悖,布内反。○悖,逆也。此以言之出入,明货之出入也。自先谨乎德以下至此,又因财货以明能絜矩与不能者之得失也。

[11] 道,言也。因上文引《文王》诗之意而申言之,其丁宁反复之意益深切矣。

[12]《楚书》,《楚语》。言不宝金玉而宝善人也。

[13] 舅犯,晋文公舅狐偃,字子犯。亡人,文公时为公子,出亡在外也。仁,爱也。事见《檀弓》。此两节又明不外本而内末之意。

[14] 个,古贺反,《书》作介。断,丁乱反。媢,音冒。○《秦誓》,《周

书》。断断,诚一之貌。彦,美士也。圣,通明也。尚,庶几也。媢,忌也。违,拂戾也。殆,危也。

[15] 进,读为屏,古字通用。○进,犹逐也。言有此媢疾之人,妨贤而病国,则仁人必深恶而痛绝之。以其至公无私,故能得好恶之正如此也。

[16] 命,郑氏云当作慢,程子云当作怠,未详孰是。远,去声。○若此者,知所爱恶矣,而未能尽爱恶之道,盖君子而未仁者也。

[17] 菑,古灾字。夫,音扶。○拂,逆也。好善而恶恶,人之性也。至于拂人之性,则不仁之甚者也。自《秦誓》至此,又皆以申言好恶公私之极,以明上文所引《南山有台》、《节南山》之意。

[18] 君子,以位言之。道,谓居其位而修己治人之术。发己自尽为忠,循物无违谓信。骄者矜高,泰者侈肆。此因上所引《文王》、《康诰》之意而言。章内三言得失,而语益加切,盖至此而天理存亡之几决矣。

[19] 恒,胡登反。○吕氏曰:"国无游民,则生者众矣;朝无幸位,则食者寡矣;不夺农时,则为之疾矣;量入为出,则用之舒矣。"愚按:此因有土有财而言,以明足国之道在乎务本而节用,非必外本内末而后财可聚也。自此以至终篇,皆一意也。

[20] 发,犹起也。仁者散财以得民,不仁者亡身以殖货。

[21] 上好仁以爱其下,则下好义以忠其上。所以事必有终,而府库之财无悖出之患也。

[22] 畜,许六反。乘、敛,并去声。○孟献子,鲁之贤大夫仲孙蔑也。畜马乘,士初试为大夫者也。伐冰之家,卿大夫以上,丧祭用冰者也。百乘之家,有采地者也。君子宁亡己之财,而不忍伤民之力,故宁有盗臣,而不畜聚敛之臣。此谓以下,释献子之言也。

[23] 长,上声。"彼为善之",此句上下,疑有阙文误字。○自,由也,言由小人导之也。此一节,深明以利为利之害,而重言以结之,其丁宁之意切矣。

中　庸

中庸章句序

朱　熹

　　《中庸》何为而作也？子思子忧道学之失其传而作也。盖自上古圣神继天立极，而道统之传有自来矣。其见于经，则"允执厥中"者，尧之所以授舜也；"人心惟危，道心惟微，惟精惟一，允执厥中"者，舜之所以授禹也。尧之一言，至矣，尽矣！而舜复益之以三言者，则所以明夫尧之一言，必如是而后可庶几也。

　　盖尝论之，心之虚灵知觉，一而已矣。而以为有人心、道心之异者，则以其或生于形气之私，或原于性命之正，而所以为知觉者不同，是以或危殆而不安，或微妙而难见耳。然人莫不有是形，故虽上智不能无人心，亦莫不有是性，故虽下愚不能无道心。二者杂于方寸之间，而不知所以治之，则危者愈危，微者愈微，而天理之公卒无以胜夫人欲之私矣。精则察夫二者之间而不杂也，一则守其本心之正而不离也。从事于斯，无少间断，必使道心常为一身之主，而人心每听命焉，则危者安，微者著，而动静云为自无过不及之差矣。

　　夫尧、舜、禹，天下之大圣也。以天下相传，天下之大事也。以天下之大圣,行天下之大事,而其授受之际,丁宁告戒,不过如此,则天下之理,岂有以加于此哉? 自是以来,圣圣相承,若成汤、文、武之为君,皋陶、伊、傅、周、召之为臣,既皆以此而接夫道统之传,若吾夫子,则虽不得其位,而所以继往圣、开来学,其功反有贤于尧、舜者。然当是时,见而知之者,惟颜氏、曾氏之传得其宗。及曾氏之再传,而复得夫子之孙子思,则去圣远而异端起矣。子思惧夫愈久而愈失其真也,于是推本尧、舜以来相传之意,质以平日所闻父师之言,更互演绎,作为此书,以诏后之学者。盖其忧之也深,故其言之也切;其虑之也远,故其说之也详。其曰"天命率性",则道心之谓也;其曰"择善固执",则精一之谓也;其曰"君子时中",则执中之谓也。世之相后,千有余年,而其言之不异,如合符节。历选前圣之书,所以提挈纲维,开示蕴奥,未有若是之明且尽者也。自是而又再传以得孟氏,为能推明是书,以承先圣之统,及其没而遂失其传焉。则吾道之所寄,不越乎言语文字之间,而异端之说日新月盛,以至于老、佛之徒出,则弥近理而大乱真矣。然而尚幸此书之不泯,故程夫子兄弟者出,得有所考,以续夫千载不传之绪;得有所据,以斥夫二家似是之非。盖子思之功于是为大,而微程夫子,则亦莫能因其语而得其心也。惜乎! 其所以为说者不传,而凡石氏之所辑录,仅出于其门人之所记,是以大义虽明,而微言未析。至其门人所自为说,则虽颇详尽而多所发明,然倍其师说而淫于老、佛者,亦有之矣。

熹自蚤岁即尝受读而窃疑之,沉潜反复,盖亦有年,一且恍然似有以得其要领者，然后乃敢会众说而折其中，既为定著章句一篇，以俟后之君子。而一二同志复取石氏书，删其繁乱，名以《辑略》，且记所尝论辩取舍之意，别为《或问》，以附其后。然后此书之旨，支分节解，脉络贯通，详略相因，巨细毕举，而凡诸说之同异得失，亦得以曲畅旁通，而各极其趣。虽于道统之传，不敢妄议，然初学之士，或有取焉，则亦庶乎行远升高之一助云尔。

淳熙己酉春三月戊申，新安朱熹序。

中庸章句[1]

子程子曰:"不偏之谓中,不易之谓庸。中者,天下之正道;庸者,天下之定理。"此篇乃孔门传授心法,子思恐其久而差也,故笔之于书,以授孟子。其书始言一理,中散为万事,末复合为一理,"放之则弥六合,卷之则退藏于密",其味无穷,皆实学也。善读者玩索而有得焉,则终身用之,有不能尽者矣。

【朱子章句】

[1] 中者,不偏不倚、无过不及之名。庸,平常也。

天命之谓性,率性之谓道,修道之谓教。[1]道也者,不可须臾离也,可离非道也。是故君子戒慎乎其所不睹,恐惧乎其所不闻。[2]莫见乎隐,莫显乎微,故君子慎其独也。[3]喜怒哀乐之未发,谓之中;发而皆中节,谓之和。中也者,天下之大本也;和也者,天下之达道也。[4]致中和,天地位焉,万物育焉。[5]

右第一章。子思述所传之意以立言:首明道之本原出于天而不可易,其实体备于己而不可离,次言存养省察之要,终言圣神功化之极。盖欲学者于此反求诸身而自得之,以去夫外诱之私,而充其本然之善,杨氏所谓一篇之体要是也。其下十章,盖子思引夫子之言,以终此章之义。

【朱子章句】

[1]命,犹令也。性,即理也。天以阴阳五行化生万物,气以成形,而理亦赋焉,犹命令也。于是人物之生,因各得其所赋之理,以为健顺五常之德,所谓性也。率,循也。道,犹路也。人物各循其性之自然,则其日用事物之间,莫不各有当行之路,是则所谓道也。修,品节之也。性道虽同,而气禀或异,故不能无过不及之差,圣人因人物之所当行者而品节之,以为法于天下,则谓之教,若礼、乐、刑、政之属是也。盖人之所以为人,道之所以为道,圣人之所以为教,原其所自,无一不本于天而备于我。学者知之,则其于学知所用力而自不能已矣。故子思于此首发明之,读者所宜深体而默识也。

[2]离,去声。○道者,日用事物当行之理,皆性之德而具于心,无物不有,无时不然,所以不可须臾离也。若其可离,则为外物而非道矣。是以君子之心常存敬畏,虽不见闻,亦不敢忽,所以存天理之本然,而不使离于须臾之顷也。

[3]见,音现。○隐,暗处也。微,细事也。独者,人所不知而己所独知之地也。言幽暗之中,细微之事,迹虽未形而几则已动,人虽不知而己独知之,则是天下之事无有著见明显而过于此者。是以君子既常戒惧,而于此尤加谨焉,所以遏人欲于将萌,而不使其滋长于隐微之中,以至离道之远也。

[4]乐,音洛。中节之中,去声。○喜怒哀乐,情也。其未发,则性也,无所偏倚,故谓之中。发皆中节,情之正也,无所乖戾,故谓之和。大本者,天命之性,天下之理皆由此出,道之体也。达道者,循性之谓,天下古今之所共由,道之用也。此言性情之德,以明道不可离之意。

[5]致,推而极之也。位者,安其所也。育者,遂其生也。自戒惧而约之,以至于至静之中,无少偏倚,而其守不失,则极其中而天地位矣。自谨独而精之,以至于应物之处,无少差谬,而无适不然,则极其和而万

269

物育矣。盖天地万物,本吾一体,吾之心正,则天地之心亦正矣;吾之气顺,则天地之气亦顺矣,故其效验至于如此。此学问之极功、圣人之能事,初非有待于外,而修道之教亦在其中矣。是其一体一用虽有动静之殊,然必其体立而后用有以行,则其实亦非有两事也。故于此合而言之,以结上文之意。

仲尼曰:"君子中庸,小人反中庸。[1]君子之中庸也,君子而时中;小人之中庸也,小人而无忌惮也。"[2]

　　右第二章。此下十章,皆论中庸以释首章之义。文虽不属,而意实相承也。变和言庸者,游氏曰"以性情言之,则曰中和;以德行言之,则曰中庸"是也。然中庸之中,实兼中和之义。

【朱子章句】

　　[1]中庸者,不偏不倚、无过不及而平常之理,乃天命所当然,精微之极致也。唯君子为能体之,小人反是。

　　[2]王肃本作"小人之反中庸也",程子亦以为然。今从之。○君子之所以为中庸者,以其有君子之德,而又能随时以处中也。小人之所以反中庸者,以其有小人之心,而又无所忌惮也。盖中无定体,随时而在,是乃平常之理也。君子知其在我,故能戒谨不睹、恐惧不闻,而无时不中。小人不知有此,则肆欲妄行,而无所忌惮矣。

子曰:"中庸其至矣乎!民鲜能久矣!"[1]

　　右第三章。

【朱子章句】

　　[1]鲜,上声,下同。○过则失中,不及则未至,故惟中庸之德为至。然亦人所同得,初无难事,但世教衰,民不兴行,故鲜能之,今已久矣。

《论语》无能字。

子曰:"道之不行也,我知之矣,知者过之,愚者不及也;道之不明也,我知之矣,贤者过之,不肖者不及也。[1]人莫不饮食也,鲜能知味也。"[2]

右第四章。

【朱子章句】

[1] 知者之知,去声。○道者,天理之当然,中而已矣。知愚贤不肖之过不及,则生禀之异而失其中也。知者知之过,既以道为不足行;愚者不及知,又不知所以行,此道之所以常不行也。贤者行之过,既以道为不足知;不肖者不及行,又不求所以知,此道之所以常不明也。

[2] 道不可离,人自不察,是以有过不及之弊。

子曰:"道其不行矣夫!"[1]

右第五章。此章承上章而举其不行之端,以起下章之意。

【朱子章句】

[1] 夫,音扶。○由不明,故不行。

子曰:"舜其大知也与! 舜好问而好察迩言,隐恶而扬善,执其两端,用其中于民,其斯以为舜乎!"[1]

右第六章。

【朱子章句】

[1] 知,去声。与,平声。好,去声。○舜之所以为大知者,以其不

自用而取诸人也。迩言者，浅近之言，犹必察焉，其无遗善可知。然于其言之未善者则隐而不宣，其善者则播而不匿，其广大光明又如此，则人孰不乐告以善哉？两端，谓众论不同之极致。盖凡物皆有两端，如小大、厚薄之类。于善之中又执其两端而量度以取中，然后用之，则其择之审而行之至矣。然非在我之权度精切不差，何以与此？此知之所以无过不及，而道之所以行也。

子曰："人皆曰'予知'，驱而纳诸罟擭陷阱之中，而莫之知辟也。人皆曰'予知'，择乎中庸而不能期月守也。"[1]

右第七章。承上章大知而言，又举不明之端，以起下章也。

【朱子章句】

[1] 予知之知，去声。罟，音古。擭，胡化反。阱，才性反。辟避同。期，居之反。〇罟，网也；擭，机槛也；陷阱，坑坎也，皆所以掩取禽兽者也。择乎中庸，辨别众理，以求所谓中庸，即上章好问、用中之事也。期月，匝一月也。言知祸而不知辟，以况能择而不能守，皆不得为知也。

子曰："回之为人也，择乎中庸，得一善，则拳拳服膺而弗失之矣。"[1]

右第八章。

【朱子章句】

[1] 回，孔子弟子颜渊名。拳拳，奉持之貌。服，犹著也。膺，胸也。奉持而著之心胸之间，言能守也。颜子盖真知之，故能择能守如此，此行之所以无过不及，而道之所以明也。

子曰："天下国家可均也，爵禄可辞也，白刃可蹈也，中庸不可能也。"[1]

　　右第九章。亦承上章以起下章。

【朱子章句】

　　[1] 均,平治也。三者亦知、仁、勇之事,天下之至难也,然不必其合于中庸,则质之近似者皆能以力为之。若中庸,则虽不必皆如三者之难,然非义精仁熟而无一毫人欲之私者,不能及也。三者难而易,中庸易而难,此民之所以鲜能也。

　　子路问强。[1]子曰:"南方之强与? 北方之强与? 抑而强与?[2]宽柔以教,不报无道,南方之强也,君子居之。[3]衽金革,死而不厌,北方之强也,而强者居之。[4]故君子和而不流,强哉矫! 中立而不倚,强哉矫! 国有道,不变塞焉,强哉矫! 国无道,至死不变,强哉矫!"[5]

　　右第十章。

【朱子章句】

　　[1] 子路,孔子弟子仲由也。子路好勇,故问强。

　　[2] 与,平声。○抑,语辞。而,汝也。

　　[3] 宽柔以教,谓含容巽顺以诲人之不及也。不报无道,谓横逆之来,直受之而不报也。南方风气柔弱,故以含忍之力胜人为强,君子之道也。

　　[4] 衽,席也。金,戈兵之属。革,甲胄之属。北方风气刚劲,故以果敢之力胜人为强,强者之事也。

　　[5] 此四者,汝之所当强也。矫,强貌。《诗》曰"矫矫虎臣"是也。倚,偏著也。塞,未达也。国有道,不变未达之所守;国无道,不变平生之所守也。此则所谓中庸之不可能者,非有以自胜其人欲之私,不能择而

守也。君子之强，孰大于是？夫子以是告子路者，所以抑其血气之刚，而进之以德义之勇也。

子曰："素隐行怪，后世有述焉，吾弗为之矣。[1]君子遵道而行，半涂而废，吾弗能已矣。[2]君子依乎中庸，遁世不见知而不悔，唯圣者能之。"[3]

右第十一章。子思所引夫子之言，以明首章之义者止此。盖此篇大旨，以知、仁、勇三达德为入道之门。故于篇首，即以大舜、颜渊、子路之事明之。舜，知也；颜渊，仁也；子路，勇也。三者废其一，则无以造道而成德矣。余见第二十章。

【朱子章句】

[1] 素，按《汉书》当作索，盖字之误也。索隐行怪，言深求隐僻之理，而过为诡异之行也。然以其足以欺世而盗名，故后世或有称述之者。此知之过而不择乎善，行之过而不用其中，不当强而强者也，圣人岂为之哉！

[2] 遵道而行，则能择乎善矣；半涂而废，则力之不足也。此其知虽足以及之，而行有不逮，当强而不强者也。已，止也。圣人于此，非勉焉而不敢废，盖至诚无息，自有所不能止也。

[3] 不为索隐行怪，则依乎中庸而已。不能半涂而废，是以遁世不见知而不悔也。此中庸之成德，知之尽、仁之至、不赖勇而裕如者，正吾夫子之事，而犹不自居也。故曰"唯圣者能之"而已。

君子之道费而隐。[1]夫妇之愚，可以与知焉，及其至也，虽圣人亦有所不知焉；夫妇之不肖，可以能行焉，及其至也，虽圣人亦有所不能焉。天地之大也，人犹有所憾。故君子语大，天下莫能载焉；语小，天下莫能破焉。[2]《诗》云："鸢飞戾天,鱼跃于渊。"言其上下察也。[3]君子之道,造端乎夫妇,及其至也,察乎天地。[4]

　　　右第十二章。子思之言,盖以申明首章道不可离之意也。其下八章,杂引孔子之言以明之。

【朱子章句】

　　[1]费,符味反。○费,用之广也。隐,体之微也。

　　[2]与,去声。○君子之道,近自夫妇居室之间,远而至于圣人天地之所不能尽,其大无外,其小无内,可谓费矣。然其理之所以然,则隐而莫之见也。盖可知可能者,道中之一事,及其至而圣人不知不能。则举全体而言,圣人固有所不能尽也。侯氏曰:"圣人所不知,如孔子问礼、问官之类;所不能,如孔子不得位、尧舜病博施之类。"愚谓人所憾于天地,如覆载生成之偏,及寒暑灾祥之不得其正者。

　　[3]鸢,余专反。○《诗·大雅·旱麓》之篇。鸢,鸱类。戾,至也。察,著也。子思引此诗以明化育流行,上下昭著,莫非此理之用,所谓费也。然其所以然者,则非见闻所及,所谓隐也。故程子曰:"此一节,子思吃紧为人处,活泼泼地。"读者其致思焉。

　　[4]结上文。

子曰:"道不远人。人之为道而远人,不可以为道。[1]《诗》云:'伐柯伐柯,其则不远。'执柯以伐柯,睨而视之,犹以为远。故君子以人治人,改而止。[2]忠恕违道不远,施诸己而不愿,亦勿施于人。[3]君子之道四,丘未能一焉:所求乎子,以事父,未能也;所求乎臣,以事君,未能也;所求乎弟,以事兄,未能也;所求乎朋友,先施之,未能也。庸德之行,庸言之谨,有所不足,不敢不勉,有余不敢尽。言顾行,行顾言，君子胡不慥慥尔！"[4]

　　　　右第十三章。"道不远人"者，夫妇所能，丘未能一者，圣人所不能，皆费也。而其所以然者，则至隐存焉。下章放此。

【朱子章句】

　　[1] 道者，率性而已，固众人之所能知能行者也，故常不远于人。若为道者，厌其卑近以为不足为，而反务为高远难行之事，则非所以为道矣。

　　[2] 睨，研计反。○《诗·豳风·伐柯》之篇。柯，斧柄。则，法也。睨，邪视也。言人执柯伐木以为柯者，彼柯长短之法，在此柯耳。然犹有彼此之别，故伐者视之犹以为远也。若以人治人，则所以为人之道，各在当人之身，初无彼此之别。故君子之治人也，即以其人之道，还治其人之身。其人能改，即止不治。盖责之以其所能知能行，非欲其远人以为道也。张子所谓"以众人望人则易从"是也。

　　[3] 尽己之心为忠，推己及人为恕。违，去也，如《春秋传》齐师"违毂七里"之违。言自此至彼，相去不远，非背而去之之谓也。道，即其不远人者是也。施诸己而不愿，亦勿施于人，忠恕之事也。以己之心度人之心，未尝不同，则道之不远于人者可见。故己之所不欲，则勿以施之于人，亦不远人以为道之事。张子所谓"以爱己之心爱人则尽仁"是也。

　　[4] 子、臣、弟、友，四字绝句。○求，犹责也。道不远人，凡己之所以责人者，皆道之所当然也，故反之以自责而自修焉。庸，平常也。行者，践其实。谨者，择其可。德不足而勉，则行益力；言有余而切，则谨益至。谨之至则言顾行矣，行之力则行顾言矣。慥慥，笃实貌。言君子之言行如此，岂不慥慥乎！赞美之也。凡此皆不远人以为道之事。张子所谓"以责人之心责己则尽道"是也。

君子素其位而行，不愿乎其外。[1]素富贵，行乎富贵；素贫贱,行乎贫贱;素夷狄,行乎夷狄;素患难,行乎患难,君子无人而不自得焉。[2]在上位不陵下,在下位不援上,正己而不求于人则无怨。上不怨天,下不尤人。[3]故君子居易以俟命,小人行险以徼幸。[4]子曰:"射有似乎君子,失诸正鹄,反求诸其身。"[5]

　　右第十四章。子思之言也。凡章首无"子曰"字者放此。

【朱子章句】

　　[1]素,犹见在也。言君子但因见在所居之位而为其所当为,无慕乎其外之心也。

　　[2]难,去声。○此言素其位而行也。

　　[3]援,平声。○此言不愿乎其外也。

　　[4]易,去声。○易,平地也。居易,素位而行也。俟命,不愿乎外也。徼,求也。幸,谓所不当得而得者。

　　[5]正,音征。鹄,工毒反。○画布曰正,栖皮曰鹄,皆侯之中、射之的也。子思引此孔子之言,以结上文之意。

　　君子之道,辟如行远必自迩,辟如登高必自卑。[1]《诗》曰:"妻子好合,如鼓瑟琴。兄弟既翕,和乐且耽。宜尔室家,乐尔妻帑。"[2]子曰:"父母其顺矣乎!"[3]

　　右第十五章。

【朱子章句】

　　[1]辟譬同。

　　[2]好,去声。耽,《诗》作湛,亦音耽。乐,音洛。○《诗·小雅·常棣》之篇。鼓瑟琴,和也。翕,亦合也。耽,亦乐也。帑,子孙也。

[3] 夫子诵此诗而赞之曰：人能和于妻子、宜于兄弟如此，则父母其安乐之矣。子思引《诗》及此语，以明行远自迩、登高自卑之意。

子曰："鬼神之为德，其盛矣乎！[1] 视之而弗见，听之而弗闻，体物而不可遗。[2] 使天下之人齐明盛服，以承祭祀。洋洋乎！如在其上，如在其左右。[3]《诗》曰：'神之格思，不可度思，矧可射思！'[4] 夫微之显，诚之不可掩如此夫！"[5]

　　右第十六章。不见不闻，隐也。体物如在，则亦费矣。此前三章，以其费之小者而言。此后三章，以其费之大者而言。此一章，兼费隐、包大小而言。

【朱子章句】

　　[1] 程子曰："鬼神，天地之功用，而造化之迹也。"张子曰："鬼神者，二气之良能也。"愚谓以二气言，则鬼者阴之灵也，神者阳之灵也。以一气言，则至而伸者为神，反而归者为鬼，其实一物而已。为德，犹言性情功效。

　　[2] 鬼神无形与声，然物之终始，莫非阴阳合散之所为，是其为物之体，而物所不能遗也。其言体物，犹《易》所谓"干事"。

　　[3] 齐，侧皆反。○齐之为言齐也，所以齐不齐而致其齐也。明，犹洁也。洋洋，流动充满之意。能使人畏敬奉承，而发见昭著如此，乃其"体物而不可遗"之验也。孔子曰："其气发扬于上为昭明，焄蒿凄怆。此百物之精也，神之著也。"正谓此尔。

　　[4] 度，待洛反。射，音亦，《诗》作斁。○《诗·大雅·抑》之篇。格，来也。矧，况也。射，厌也，言厌怠而不敬也。思，语辞。

　　[5] 夫，音扶。○诚者，真实无妄之谓。阴阳合散，无非实者。故其发见之不可掩如此。

子曰："舜其大孝也与！德为圣人，尊为天子，富有四海之内，宗庙飨之，子孙保之。[1]故大德必得其位，必得其禄，必得其名，必得其寿。[2]故天之生物，必因其材而笃焉。故栽者培之，倾者覆之。[3]《诗》曰：'嘉乐君子，宪宪令德。宜民宜人，受禄于天。保佑命之，自天申之。'[4]故大德者必受命。"[5]

右第十七章。此由庸行之常，推之以极其至，见道之用广也。而其所以然者，则为体微矣。后二章亦此意。

【朱子章句】

[1] 与，平声。○子孙，谓虞思、陈胡公之属。

[2] 舜年百有十岁。

[3] 材，质也。笃，厚也。栽，植也。气至而滋息为培，气反而游散则覆。

[4]《诗·大雅·假乐》之篇。假，当依此作嘉。宪，当依《诗》作显。申，重也。

[5] 受命者，受天命为天子也。

子曰："无忧者，其惟文王乎！以王季为父，以武王为子，父作之，子述之。[1]武王缵大王、王季、文王之绪，壹戎衣而有天下，身不失天下之显名。尊为天子，富有四海之内，宗庙飨之，子孙保之。[2]武王末受命，周公成文、武之德，追王大王、王季，上祀先公以天子之礼。斯礼也，达乎诸侯、大夫，及士、庶人。父为大夫，子为士，葬以大夫，祭以士。父为士，子为大夫，葬以士，祭以大夫。期之丧，达乎大夫。三年之丧，达乎天子。父母之丧，无贵贱，一也。"[3]

右第十八章。

【朱子章句】

[1] 此言文王之事。《书》言"王季其勤王家"，盖其所作，亦积功累仁之事也。

[2] 大，音泰，下同。○此言武王之事。缵，继也。大王，王季之父也。《书》云："大王肇基王迹。"《诗》云："至于大王，实始翦商"。绪，业也。戎衣，甲胄之属。壹戎衣，《武成》文，言一著戎衣以伐纣也。

[3] 追王之王，去声。○此言周公之事。末，犹老也。追王，盖推文、武之意，以及乎王迹之所起也。先公，组绀以上至后稷也。上祀先公以天子之礼，又推大王、王季之意，以及于无穷也。制为礼法，以及天下，使葬用死者之爵，祭用生者之禄。丧服自期以下，诸侯绝，大夫降；而父母之丧，上下同之，推己以及人也。

子曰："武王、周公，其达孝矣乎！[1]夫孝者，善继人之志，善述人之事者也。[2]春秋修其祖庙，陈其宗器，设其裳衣，荐其时食。[3]宗庙之礼，所以序昭穆也。序爵，所以辨贵贱也；序事，所以辨贤也。旅酬，下为上，所以逮贱也；燕毛，所以序齿也。[4]践其位，行其礼，奏其乐，敬其所尊，爱其所亲，事死如事生，事亡如事存，孝之至也。[5]郊社之礼，所以事上帝也，宗庙之礼，所以祀乎其先也。明乎郊社之礼、禘尝之义，治国其如示诸掌乎！"[6]

右第十九章。

【朱子章句】

[1] 达，通也。承上章而言武王、周公之孝，乃天下之人通谓之孝，

犹孟子之言达尊也。

[2] 上章言武王缵大王、王季、文王之绪以有天下,而周公成文、武之德以追崇其先祖,此继志、述事之大者也。下文又以其所制祭祀之礼,通于上下者言之。

[3] 祖庙:天子七,诸侯五,大夫三,适士二,官师一。宗器,先世所藏之重器,若周之赤刀、大训、天球、河图之属也。裳衣,先祖之遗衣服,祭则设之以授尸也。时食,四时之食,各有其物,如春行羔、豚、膳、膏、香之类是也。

[4] 昭,如字。为,去声。○宗庙之次:左为昭,右为穆,而子孙亦以为序。有事于太庙,则子姓、兄弟、群昭、群穆咸在而不失其伦焉。爵,公、侯、卿、大夫也。事,宗祝有司之职事也。旅,众也。酬,导饮也。旅酬之礼,宾弟子、兄弟之子各举觯于其长而众相酬。盖宗庙之中,以有事为荣,故逮及贱者,使亦得以申其敬也。燕毛,祭毕而燕,则以毛发之色别长幼,为坐次也。齿,年数也。

[5] 践,犹履也。其,指先王也。所尊、所亲,先王之祖考、子孙、臣庶也。始死谓之死,既葬则曰反而亡焉,皆指先王也。此结上文两节,皆继志、述事之意也。

[6] 郊,祀天。社,祭地。不言后土者,省文也。禘,天子宗庙之大祭,追祭太祖之所自出于太庙,而以太祖配之也。尝,秋祭也。四时皆祭,举其一耳。礼必有义,对举之,互文也。示,与视同。视诸掌,言易见也。此与《论语》文意大同小异,记有详略耳。

哀公问政。[1]子曰:“文、武之政,布在方策。其人存,则其政举;其人亡,则其政息。[2]人道敏政,地道敏树。夫政也者,蒲卢也。[3]故为政在人,取人以身,修身以道,修道以仁。[4]仁者,人也,亲亲为大。义者,宜也,尊贤为大。亲亲之杀,尊贤之等,礼所生也。[5]在下位不获乎上,民不可得而治矣![6]故君子不可以不修身；思修身，不可以不事亲；思事亲，不可以不知人；思知人，不可以不知天。[7]天下之达道五，所以行之者三。曰君臣也，父子也，夫妇也，昆弟也，朋友之交也，五者天下之达道也。知、仁、勇三者，天下之达德也。所以行之者一也。[8]或生而知之，或学而知之，或困而知之，及其知之，一也。或安而行之，或利而行之，或勉强而行之，及其成功，一也。[9]子曰："好学近乎知，力行近乎仁，知耻近乎勇。"[10]知斯三者，则知所以修身；知所以修身，则知所以治人；知所以治人，则知所以治天下国家矣。[11]凡为天下国家有九经，曰修身也，尊贤也，亲亲也，敬大臣也，体群臣也，子庶民也，来百工也，柔远人也，怀诸侯也。[12]修身则道立，尊贤则不惑，亲亲则诸父昆弟不怨，敬大臣则不眩，体群臣则士之报礼重，子庶民则百姓劝，来百工则财用足，柔远人则四方归之，怀诸侯则天下畏之。[13]齐明盛服，非礼不动，所以修身也；去谗远色，贱货而贵德，所以劝贤也；尊其位，重其禄，同其好恶，所以劝亲亲也；官盛任使，所以劝大臣也；忠信重禄，所以劝士也；时使薄敛，所以劝百姓也；日省月试，既禀称事，所以劝百工也；送往迎来，嘉善而矜不能，所以柔远人也；继绝世，举废国，治乱持危，朝聘以时，厚往而薄来，所以怀诸侯也。[14]凡为天下国家有九经，所以行之者一也。[15]凡事豫则立，不豫则废。言前定则不跲，事前定则不困，行前定则不疚，道前定则不穷。[16]在下位不获乎上，民不可得而治矣；获乎上有道，不信乎朋友，不获乎上矣；信乎朋友有道，不顺乎亲，不信乎朋友矣；顺乎亲有道，反诸身不诚，不顺乎亲矣；诚身有道，不明乎善，不诚乎身矣。[17]诚者，天之道也；诚之者，人之道也。诚者，不勉而中，不思而得，从容中道，圣人也。诚之者，择善而固执之者也。[18]博学之，审问之，慎思之，明辨之，笃行之。[19]有弗学，学之弗能弗措也；有弗问，问之弗知弗措也；有弗思，思之弗得弗措也；有弗辨，辨之弗明弗措也；有弗行，行之弗笃弗措也。人一能之，己百之；人十能之，己千之。[20]果能此道矣，虽愚必明，虽柔必强。[21]

　　右第二十章。此引孔子之言，以继大舜、文、武、周公之绪，明其所传之一致，举而措之，亦犹是耳。盖包费隐，兼小大，以终十二章之意。章内语诚始详，而所谓诚者，实此篇之枢纽也。又按：《孔子家语》亦载此章，而其文尤详。"成功一也"之下，有"公曰：子之言美矣！至矣！寡人实固，不足以成之也。"故其下复以"子曰"起答辞。今无此问词，而犹有"子曰"二字，盖子思删其繁文以附于篇，而所删有不尽者，今当为衍文也。"博学之"以下，《家语》无之，意彼有阙文，抑此或子思所补也欤？

【朱子章句】

　　[1]哀公，鲁君，名蒋。

　　[2]方，版也。策，简也。息，犹灭也。有是君，有是臣，则有是政矣。

　　[3]夫，音扶。○敏，速也。蒲卢，沈括以为蒲苇是也。以人立政，犹以地种树，其成速矣，而蒲苇又易生之物，其成尤速也。言人存政举，其易如此。

　　[4]此承上文人道敏政而言也。为政在人，《家语》作"为政在于得人"，语意尤备。人，谓贤臣。身，指君身。道者，天下之达道。仁者，天地生物之心，而人得以生者，所谓"元者善之长"也。言人君为政在于得

人,而取人之则又在修身。能仁其身,则有君有臣,而政无不举矣。

[5]杀,去声。○人,指人身而言。具此生理,自然便有恻怛慈爱之意,深体味之可见。宜者,分别事理,各有所宜也。礼,则节文斯二者而已。

[6]郑氏曰:“此句在下,误重在此。”

[7]“为政在人,取人以身”,故不可以不修身。“修身以道,修道以仁”,故思修身,不可以不事亲。欲尽亲亲之仁,必由尊贤之义,故又当知人。亲亲之杀,尊贤之等,皆天理也,故又当知天。

[8]知,去声。○达道者,天下古今所共由之路,即《书》所谓五典,《孟子》所谓“父子有亲,君臣有义,夫妇有别,长幼有序,朋友有信”是也。知,所以知此也。仁,所以体此也。勇,所以强此也。谓之达德者,天下古今所同得之理也。一,则诚而已矣。达道虽人所共由,然无是三德,则无以行之。达德虽人所同得,然一有不诚,则人欲间之,而德非其德矣。程子曰:“所谓诚者,止是诚实此三者。三者之外,更别无诚。”

[9]强,上声。○知之者之所知,行之者之所行,谓达道也。以其分而言,则所以知者知也,所以行者仁也,所以至于知之、成功而一者勇也。以其等而言,则生知、安行者知也,学知、利行者仁也,困知、勉行者勇也。盖人性虽无不善,而气禀有不同者,故闻道有蚤莫,行道有难易,然能自强不息,则其至一也。吕氏曰:“所入之涂虽异,而所至之域则同,此所以为中庸。若乃企生知、安行之资为不可几及,轻困知、勉行谓不能有成,此道之所以不明不行也。”

[10]“子曰”二字,衍文。好、近乎知之知,并去声。○此言未及乎达德而求以入德之事。通上文三知为知,三行为仁,则此三近者,勇之次也。吕氏曰:“愚者自是而不求,自私者徇人欲而忘反,懦者甘为人下而不辞。故好学非知,然足以破愚;力行非仁,然足以忘私;知耻非勇,然足以起懦。”

[11]斯三者,指三近而言。人者,对己之称。天下国家,则尽乎人矣。言此以结上文修身之意,起下文九经之端也。

[12] 经,常也。体,谓设以身处其地而察其心也。子,如父母之爱其子也。柔远人,所谓无忘宾旅者也。此列九经之目也。吕氏曰:"天下国家之本在身,故修身为九经之本。然必亲师取友,然后修身之道进,故尊贤次之。道之所进,莫先其家,故亲亲次之。由家以及朝廷,故敬大臣、体群臣次之。由朝廷以及其国,故子庶民、来百工次之。由其国以及天下,故柔远人、怀诸侯次之。此九经之序也。"视群臣犹吾四体,视百姓犹吾子,此视臣、视民之别也。

[13] 此言九经之效也。道立,谓道成于己而可为民表,所谓"皇建其有极"是也。不惑,谓不疑于理。不眩,谓不迷于事。敬大臣,则信任专而小臣不得以间之,故临事而不眩也。来百工,则通功易事,农末相资,故财用足。柔远人,则天下之旅皆悦而愿出于其涂,故四方归。怀诸侯,则德之所施者博,而威之所制者广矣,故曰"天下畏之"。

[14] 齐,侧皆反。去,上声。远、好、恶、敛,并去声。既,许气反。禀,彼锦、力锦二反。称,去声。朝,音潮。○此言九经之事也。官盛任使,谓官属众盛,足任使令也,盖大臣不当亲细事,故所以优之者如此。忠信重禄,谓待之诚而养之厚,盖以身体之,而知其所赖乎上者如此也。既,读曰饩。饩禀,稍食也。称事,如《周礼》稿人职曰"考其弓弩,以上下其食"是也。往则为之授节以送之,来则丰其委积以迎之。朝,谓诸侯见于天子。聘,谓诸侯使大夫来献。《王制》:"比年一小聘,三年一大聘,五年一朝。"厚往薄来,谓燕赐厚而纳贡薄。

[15] 一者,诚也。一有不诚,则是九者皆为虚文矣。此九经之实也。

[16] 跲,其劫反。行,去声。○凡事,指达道、达德、九经之属。豫,素定也。跲,踬也。疚,病也。此承上文,言凡事皆欲先立乎诚,如下文所推是也。

[17] 此又以在下位者,推言素定之意。反诸身不诚,谓反求诸身而所存所发未能真实而无妄也。不明乎善,谓未能察于人心天命之本然,而真知至善之所在也。

[18] 中,并去声。从,七容反。○此承上文"诚身"而言。诚者,真实无妄之谓,天理之本然也。诚之者,未能真实无妄,而欲其真实无妄之谓,人事之当然也。圣人之德,浑然天理,真实无妄,不待思勉而从容中道,则亦天之道也。未至于圣,则不能无人欲之私,而其为德不能皆实。故未能不思而得,则必择善,然后可以明善;未能不勉而中,则必固执,然后可以诚身,此则所谓人之道也。不思而得,生知也。不勉而中,安行也。择善,学知以下之事。固执,利行以下之事也。

[19] 此"诚之"之目也。学、问、思、辨,所以择善而为知,学而知也。笃行,所以固执而为仁,利而行也。程子曰:"五者废其一,非学也。"

[20] 君子之学,不为则已,为则必要其成,故常百倍其功。此困而知、勉而行者也,勇之事也。

[21] 明者,择善之功。强者,固执之效。吕氏曰:"君子所以学者,为能变化气质而已。德胜气质,则愚者可进于明,柔者可进于强。不能胜之,则虽有志于学,亦愚不能明,柔不能立而已矣。盖均善而无恶者,性也,人所同也;昏明强弱之禀不齐者,才也,人所异也。诚之者,所以反其同而变其异也。夫以不美之质,求变而美,非百倍其功,不足以致之。今以卤莽灭裂之学,或作或辍,以变其不美之质,及不能变,则曰天质不美,非学所能变。是果于自弃,其为不仁甚矣!"

自诚明,谓之性;自明诚,谓之教。诚则明矣,明则诚矣。[1]

右第二十一章。子思承上章夫子天道、人道之意而立言也。自此以下十二章,皆子思之言,以反复推明此章之意。

【朱子章句】

[1] 自,由也。德无不实而明无不照者,圣人之德,所性而有者也,天道也。先明乎善而后能实其善者,贤人之学,由教而入者也,人道也。

诚则无不明矣，明则可以至于诚矣。

唯天下至诚，为能尽其性；能尽其性，则能尽人之性；能尽人之性，则能尽物之性；能尽物之性，则可以赞天地之化育；可以赞天地之化育，则可以与天地参矣。[1]

　　　　右第二十二章。言天道也。

【朱子章句】

　　[1]天下至诚，谓圣人之德之实，天下莫能加也。尽其性者，德无不实，故无人欲之私，而天命之在我者，察之由之，巨细精粗，无毫发之不尽也。人物之性，亦我之性，但以所赋形气不同而有异耳。能尽之者，谓知之无不明而处之无不当也。赞，犹助也。与天地参，谓与天地并立为三也。此自诚而明者之事也。

其次致曲。曲能有诚，诚则形，形则著，著则明，明则动，动则变，变则化。唯天下至诚为能化。[1]

　　　　右第二十三章。言人道也。

【朱子章句】

　　[1]其次，通大贤以下凡诚有未至者而言也。致，推致也。曲，一偏也。形者，积中而发外。著，则又加显矣。明，则又有光辉发越之盛也。动者，诚能动物。变者，物从而变。化，则有不知其所以然者。盖人之性无不同，而气则有异，故惟圣人能举其性之全体而尽之。其次，则必自其善端发见之偏，而悉推致之，以各造其极也。曲无不致，则德无不实，而形、著、动、变之功自不能已。积而至于能化，则其至诚之妙，亦不异于圣人矣。

至诚之道，可以前知。国家将兴，必有祯祥；国家将亡，必有妖孽；见乎蓍龟，动乎四体。祸福将至：善，必先知之；不善，必先知之。故至诚如神。[1]

　　右第二十四章。言天道也。

【朱子章句】

　　[1]见，音现。○祯祥者，福之兆。妖孽者，祸之萌。蓍，所以筮。龟，所以卜。四体，谓动作威仪之间，如执玉高卑，其容俯仰之类。凡此皆理之先见者也。然唯诚之至极，而无一毫私伪留于心目之间者，乃能有以察其几焉。神，谓鬼神。

诚者自成也，而道自道也。[1]诚者物之终始，不诚无物。是故君子诚之为贵。[2]诚者非自成己而已也，所以成物也。成己，仁也；成物，知也。性之德也，合外内之道也，故时措之宜也。[3]

　　右第二十五章。言人道也。

【朱子章句】

　　[1]道也之道，音导。○言诚者物之所以自成，而道者人之所当自行也。诚以心言，本也；道以理言，用也。

　　[2]天下之物，皆实理之所为，故必得是理，然后有是物。所得之理既尽，则是物亦尽而无有矣。故人之心一有不实，则虽有所为，亦如无有，而君子必以诚为贵也。盖人之心能无不实，乃为有以自成，而道之在我者亦无不行矣。

　　[3]知，去声。○诚虽所以成己，然既有以自成，则自然及物，而道亦行于彼矣。仁者体之存，智者用之发，是皆吾性之固有，而无内外之

殊。既得于己,则见于事者以时措之,而皆得其宜也。

故至诚无息。[1]不息则久,久则征,[2]征则悠远,悠远则博厚,博厚则高明。[3]博厚,所以载物也;高明,所以覆物也;悠久,所以成物也。[4]博厚配地,高明配天,悠久无疆。[5]如此者,不见而章,不动而变,无为而成。[6]天地之道,可一言而尽也:其为物不贰,则其生物不测。[7]天地之道:博也,厚也,高也,明也,悠也,久也。[8]今夫天,斯昭昭之多,及其无穷也,日月星辰系焉,万物覆焉。今夫地,一撮土之多,及其广厚,载华岳而不重,振河海而不泄,万物载焉。今夫山,一卷石之多,及其广大,草木生之,禽兽居之,宝藏兴焉。今夫水,一勺之多,及其不测,鼋鼍、蛟龙、鱼鳖生焉,货财殖焉。[9]《诗》云:"维天之命,於穆不已!"盖曰天之所以为天也。"於乎不显,文王之德之纯!"盖曰文王之所以为文也,纯亦不已。[10]

　　右第二十六章。言天道也。

【朱子章句】

[1]既无虚假,自无间断。

[2]久,常于中也。征,验于外也。

[3]此皆以其验于外者言之。郑氏所谓"至诚之德,著于四方"者是也。存诸中者既久,则验于外者益悠远而无穷矣。悠远,故其积也广博而深厚。博厚,故其发也高大而光明。

[4]悠久,即悠远,兼内外而言之也。本以悠远致高厚,而高厚又悠久也。此言圣人与天地同用。

[5]此言圣人与天地同体。

[6] 见,音现。○见,犹示也。不见而章,以配地而言也。不动而变,以配天而言也。无为而成,以无疆而言也。

[7] 此以下,复以天地明至诚无息之功用。天地之道,可一言而尽,不过曰"诚"而已。不贰,所以诚也。诚故不息,而生物之多,有莫知其所以然者。

[8] 言天地之道,诚一不贰,故能各极所盛,而有下文生物之功。

[9] 夫,音扶。华、藏,并去声。卷,平声。勺,市若反。○昭昭,犹耿耿,小明也。此指其一处而言之。及其无穷,犹十二章"及其至也"之意,盖举全体而言也。振,收也。卷,区也。此四条,皆以发明由其不贰不息以致盛大而能生物之意。然天、地、山、川,实非由积累而后大,读者不以辞害意可也。

[10] 於,音乌。乎,音呼。○《诗·周颂·维天之命》篇。於,叹辞。穆,深远也。不显,犹言岂不显也。纯,纯一不杂也。引此以明至诚无息之意。程子曰:"天道不已,文王纯于天道,亦不已。纯则无二无杂,不已则无间断先后。"

大哉圣人之道![1]洋洋乎!发育万物,峻极于天。[2]优优大哉!礼仪三百,威仪三千。[3]待其人而后行。[4]故曰:苟不至德,至道不凝焉。[5]故君子尊德性而道问学,致广大而尽精微,极高明而道中庸,温故而知新,敦厚以崇礼。[6]是故居上不骄,为下不倍。国有道,其言足以兴;国无道,其默足以容。《诗》曰"既明且哲,以保其身",其此之谓与![7]

右第二十七章。言人道也。

【朱子章句】

[1] 包下文两节而言。

[2] 峻,高大也。此言道之极于至大而无外也。

[3]优优,充足有余之意。礼仪,经礼也。威仪,曲礼也。此言道之入于至小而无间也。

[4]总结上两节。

[5]至德,谓其人。至道,指上两节而言也。凝,聚也,成也。

[6]尊者,恭敬奉持之意。德性者,吾所受于天之正理。道,由也。温,犹燖温之温,谓故学之矣,复时习之也。敦,加厚也。尊德性,所以存心而极乎道体之大也。道问学,所以致知而尽乎道体之细也。二者,修德凝道之大端。不以一毫私意自蔽,不以一毫私欲自累,涵泳乎其所已知,敦笃乎其所已能,此皆存心之属也。析理则不使有毫厘之差,处事则不使有过不及之谬,理义则日知其所未知,节文则日谨其所未谨,此皆致知之属也。盖非存心无以致知,而存心者又不可以不致知。故此五句,大小相资,首尾相应,圣贤所示入德之方,莫详于此,学者宜尽心焉。

[7]倍,与背同。与,平声。○兴,谓兴起在位也。《诗·大雅·烝民》之篇。

子曰:"愚而好自用,贱而好自专,生乎今之世,反古之道。如此者,栽及其身者也。"[1]非天子,不议礼,不制度,不考文。[2]今天下车同轨,书同文,行同伦。[3]虽有其位,苟无其德,不敢作礼乐焉;虽有其德,苟无其位,亦不敢作礼乐焉。[4]子曰:"吾说夏礼,杞不足征也;吾学殷礼,有宋存焉;吾学周礼,今用之,吾从周。"[5]

右第二十八章。承上章为下不倍而言,亦人道也。

【朱子章句】

[1]好,去声。栽,古灾字。○以上孔子之言,子思引之。反,复也。

[2]此以下,子思之言。礼,亲疏贵贱相接之体也。度,品制。文,书名。

[3] 行,去声。○今,子思自谓当时也。轨,辙迹之度。伦,次序之体。三者皆同,言天下一统也。

[4] 郑氏曰:"言作礼乐者,必圣人在天子之位。"

[5] 此又引孔子之言。杞,夏之后。征,证也。宋,殷之后。三代之礼,孔子皆尝学之而能言其意,但夏礼既不可考证,殷礼虽存,又非当世之法,惟周礼乃时王之制,今日所用。孔子既不得位,则从周而已。

王天下有三重焉,其寡过矣乎![1]上焉者虽善无征,无征不信,不信民弗从;下焉者虽善不尊,不尊不信,不信民弗从。[2]故君子之道,本诸身,征诸庶民,考诸三王而不缪,建诸天地而不悖,质诸鬼神而无疑,百世以俟圣人而不惑。[3]质诸鬼神而无疑,知天也;百世以俟圣人而不惑,知人也。[4]是故君子动而世为天下道,行而世为天下法,言而世为天下则。远之则有望,近之则不厌。[5]《诗》曰:"在彼无恶,在此无射。庶几夙夜,以永终誉!"君子未有不如此而蚤有誉于天下者也。[6]

　　右第二十九章。承上章居上不骄而言,亦人道也。

【朱子章句】

[1] 王,去声。○吕氏曰:"三重,谓议礼、制度、考文。惟天子得以行之,则国不异政,家不殊俗,而人得寡过矣。"

[2] 上焉者,谓时王以前,如夏、商之礼虽善,而皆不可考。下焉者,谓圣人在下,如孔子虽善于礼,而不在尊位也。

[3] 此君子,指王天下者而言。其道,即议礼、制度、考文之事也。本诸身,有其德也。征诸庶民,验其所信从也。建,立也,立于此而参于彼也。天地者,道也。鬼神者,造化之迹也。百世以俟圣人而不惑,所谓圣人复起,不易吾言者也。

［4］知天、知人，知其理也。

［5］动，兼言、行而言。道，兼法、则而言。法，法度也。则，准则也。

［6］恶，去声。射，音妒，《诗》作斁。○《诗·周颂·振鹭》之篇。射，厌也。所谓此者，指本诸身以下六事而言。

仲尼祖述尧、舜，宪章文、武，上律天时，下袭水土。[1]辟如天地之无不持载，无不覆帱，辟如四时之错行，如日月之代明。[2]万物并育而不相害，道并行而不相悖，小德川流，大德敦化，此天地之所以为大也。[3]

　　　右第三十章。言天道也。

【朱子章句】

　　［1］祖述者，远宗其道。宪章者，近守其法。律天时者，法其自然之运。袭水土者，因其一定之理。皆兼内外该本末而言也。

　　［2］辟，音譬。帱，徒报反。○错，犹迭也。此言圣人之德。

　　［3］悖，犹背也。天覆地载，万物并育于其间而不相害；四时日月，错行代明而不相悖。所以不害不悖者，小德之川流；所以并育并行者，大德之敦化。小德者，全体之分；大德者，万殊之本。川流者，如川之流，脉络分明而往不息也。敦化者，敦厚其化，根本盛大而出无穷也。此言天地之道，以见上文取辟之意也。

唯天下至圣，为能聪明睿知，足以有临也；宽裕温柔，足以有容也；发强刚毅，足以有执也；齐庄中正，足以有敬也；文理密察，足以有别也。[1]溥博渊泉，而时出之。[2]溥博如天，渊泉如渊。见而民莫不敬，言而民莫不信，行而民莫不说。[3]是以声名洋溢乎中国，施及蛮貊。舟车所至，人力所通,天之所覆,地之所载,日月所照,霜露所队,凡有血气者,莫不尊亲,故曰配天。[4]

　　右第三十一章。承上章而言小德之川流,亦天道也。

【朱子章句】

　　[1]知,去声。齐,侧皆反。别,彼列反。○聪明睿知,生知之质。临,谓居上而临下也。其下四者,乃仁、义、礼、知之德。文,文章也。理,条理也。密,详细也。察,明辩也。

　　[2]溥博,周遍而广阔也。渊泉,静深而有本也。出,发见也。言五者之德,充积于中,而以时发见于外也。

　　[3]见,音现。说,音悦。○言其充积极其盛,而发见当其可也。

　　[4]施,去声。队,音坠。○舟车所至以下,盖极言之。配天,言其德之所及,广大如天也。

　　唯天下至诚,为能经纶天下之大经,立天下之大本,知天地之化育。夫焉有所倚?[1]肫肫其仁!渊渊其渊!浩浩其天![2]苟不固聪明圣知达天德者,其孰能知之?[3]

　　右第三十二章。承上章而言大德之敦化,亦天道也。前章言至圣之德,此章言至诚之道。然至诚之道,非至圣不能知;至圣之德,非至诚不能为,则亦非二物矣。此篇言圣人天道之极致,至此而无以加矣。

【朱子章句】

　　[1]夫,音扶。焉,於虔反。○经、纶,皆治丝之事。经者,理其绪而分之;纶者,比其类而合之也。经,常也。大经者,五品之人伦。大本者,所性之全体也。惟圣人之德极诚无妄,故于人伦各尽其当然之实,而皆可以为天下后世法,所谓经纶之也。其于所性之全体,无一毫人欲之伪以杂之,而天下之道千变万化皆由此出,所谓立之也。其于天地之化育,

则亦其极诚无妄者有默契焉，非但闻见之知而已。此皆至诚无妄，自然之功用，夫岂有所倚著于物而后能哉？

[2] 肫，之纯反。○肫肫，恳至貌，以经纶而言也。渊渊，静深貌，以立本而言也。浩浩，广大貌，以知化而言也。其渊、其天，则非特如之而已。

[3] 圣知之知，去声。○固，犹实也。郑氏曰："唯圣人能知圣人也。"

《诗》曰"衣锦尚絅"，恶其文之著也。故君子之道，暗然而日章；小人之道，的然而日亡。君子之道，淡而不厌，简而文，温而理，知远之近，知风之自，知微之显，可与入德矣。[1]《诗》云："潜虽伏矣，亦孔之昭！"故君子内省不疚，无恶于志。[2]君子之所不可及者，其唯人之所不见乎。《诗》云："相在尔室，尚不愧于屋漏。"故君子不动而敬，不言而信。[3]《诗》曰："奏假无言，时靡有争。"是故君子不赏而民劝，不怒而民威于鈇钺。[4]《诗》曰："不显惟德！百辟其刑之。"是故君子笃恭而天下平。[5]《诗》云："予怀明德，不大声以色。"子曰："声色之于以化民，末也。"《诗》曰"德輶如毛"，毛犹有伦。"上天之载，无声无臭"，至矣！[6]

右第三十三章。子思因前章极致之言，反求其本，复自下学为己谨独之事推而言之，以驯致乎笃恭而天下平之盛。又赞其妙，至于无声无臭而后已焉。盖举一篇之要而约言之，其反复丁宁示人之意，至深切矣，学者其可不尽心乎！

【朱子章句】

[1] 衣，去声。絅，口迥反。恶，去声。暗，於感反。○前章言圣人

之德，极其盛矣。此复自下学立心之始言之，而下文又推之以至其极也。《诗・国风・卫・硕人》、《郑》之《丰》，皆作"衣锦褧衣"。裳、絅同，襌衣也。尚，加也。古之学者为己，故其立心如此。尚絅，故暗然；衣锦，故有日章之实。淡、简、温，絅之袭于外也，不厌而文且理焉，锦之美在中也。小人反是，则暴于外而无实以继之，是以的然而日亡也。远之近，见于彼者由于此也。风之自，著乎外者本乎内也。微之显，有诸内者形诸外也。有为己之心，而又知此三者，则知所谨而可入德矣。故下文引《诗》言谨独之事。

[2] 恶，去声。○《诗・小雅・正月》之篇。承上文言莫见乎隐、莫显乎微也。疚，病也。无恶于志，犹言无愧于心，此君子谨独之事也。

[3] 相，去声。○《诗・大雅・抑》之篇。相，视也。屋漏，室西北隅也。承上文又言君子之戒谨恐惧，无时不然，不待言动而后敬信，则其为己之功益加密矣。故下文引《诗》并言其效。

[4] 假，格同。鈇，音夫。○《诗・商颂・烈祖》之篇。奏，进也。承上文而遂及其效，言进而感格于神明之际，极其诚敬，无有言说而人自化之也。威，畏也。鈇，莝斫刀也。钺，斧也。

[5] 《诗・周颂・烈文》之篇。不显，说见二十六章，此借引以为幽深玄远之意。承上文言天子有不显之德，而诸侯法之，则其德愈深而效愈远矣。笃，厚也。笃恭，言不显其敬也。笃恭而天下平，乃圣人至德渊微，自然之应，中庸之极功也。

[6] 輶，由、西二音。○《诗・大雅・皇矣》之篇。引之以明上文所谓不显之德者，正以其不大声与色也。又引孔子之言，以为声色乃化民之末务。今但言不大之而已，则犹有声色者存，是未足以形容不显之妙。不若《烝民》之诗所言"德輶如毛"，则庶乎可以形容矣。而又自以为谓之毛，则犹有可比者，是亦未尽其妙。不若《文王》之诗所言"上天之事，无声无臭"，然后乃为不显之至耳。盖声臭有气无形，在物最为微妙，而犹曰无之，故惟此可以形容不显、笃恭之妙。非此德之外，又别有是三等，然后为至也。

《国学典藏》丛书已出书目

周易 [明] 来知德 集注

诗经 [宋] 朱熹 集传

尚书曾运乾 注

仪礼 [汉] 郑玄注 [清] 张尔岐 句读

礼记 [元] 陈澔 注

论语·大学·中庸 [宋] 朱熹 集注

孟子 [宋] 朱熹 集注

左传 [战国] 左丘明 著 [晋] 杜预 注

孝经 [唐] 李隆基 注 [宋] 邢昺 疏

尔雅 [晋] 郭璞 注

战国策 [汉] 刘向 辑录

　　　 [宋] 鲍彪 注 [元] 吴师道 校注

国语 [战国] 左丘明 著

　　 [三国吴] 韦昭 注

徐霞客游记 [明] 徐弘祖 著

荀子 [战国] 荀况 著 [唐] 杨倞 注

近思录 [宋] 朱熹 吕祖谦 编

　　　 [宋] 叶采 [清] 茅星来 等注

老子 [汉] 河上公 注 [汉] 严遵 指归

　　 [三国魏] 王弼 注

庄子 [清] 王先谦 集解

列子 [晋] 张湛 注 [唐] 卢重玄 解

　　 [唐] 殷敬顺 [宋] 陈景元 释文

孙子 [春秋] 孙武 著 [汉] 曹操 等注

墨子 [清] 毕沅 校注

韩非子 [清] 王先慎 集解

吕氏春秋 [汉] 高诱 注 [清] 毕沅 校

管子 [唐] 房玄龄 注 [明] 刘绩 补注

淮南子 [汉] 刘安 著 [汉] 许慎 注

坛经 [唐] 惠能 著 丁福保 笺注

楞伽经 [南朝宋] 求那跋陀罗 译

　　　 [宋] 释正受 集注

世说新语 [南朝宋] 刘义庆 著

　　　　 [南朝梁] 刘孝标 注

山海经 [晋] 郭璞 注 [清] 郝懿行 笺疏

颜氏家训 [北齐] 颜之推 著

　　　　 [清] 赵曦明 注 [清] 卢文弨补注

三字经·百家姓·千字文

　　　　 [宋] 王应麟等 著

梦溪笔谈 [宋] 沈括 著

容斋随笔 [宋] 洪迈 著

困学纪闻 [宋] 王应麟 著

　　　　 [清] 阎若璩 等注

楚辞 [汉] 刘向 辑

　　 [汉] 王逸 注 [宋] 洪兴祖 补注

玉台新咏 [南朝陈] 徐陵 编

　　　　 [清] 吴兆宜 注 [清] 程琰 删补

乐府诗集 [宋] 郭茂倩 编撰

唐诗三百首 [清] 蘅塘退士 编选

　　　　　 [清] 陈婉俊 补注

宋词三百首 [清] 朱祖谋 编选

词综 [清] 朱彝尊 汪森 编

陶渊明全集 [晋] 陶渊明 著 [清] 陶澍 集注

王维诗集 [唐] 王维 著 [清] 赵殿成 笺注

孟浩然诗集 [唐] 孟浩然 著 [宋] 刘辰翁 评

李商隐诗集 [唐] 李商隐 著 [清] 朱鹤龄 笺注

杜牧诗集 [唐] 杜牧 著 [清] 冯集梧 注

李贺诗集 [唐] 李贺 著

　　　　 [宋] 吴正子 注 [宋] 刘辰翁 评

李煜词集 (附李璟词集、冯延巳词集)

　　　　 [南唐] 李煜 著

柳永词集 [宋] 柳永 著

晏殊词集·晏幾道词集

　　　　 [宋] 晏殊 晏幾道 著

苏轼词集 [宋] 苏轼 著 [宋] 傅幹 注　　长生殿 [清] 洪昇 著 [清] 吴人 评点

黄庭坚词集·秦观词集　　　　　　桃花扇 [清] 孔尚任 著

　　　　[宋] 黄庭坚 著 [宋] 秦观 著　　　　　　　[清] 云亭山人 评点

李清照诗词集 [宋] 李清照 著　　　古文辞类纂 [清] 姚鼐 纂集

辛弃疾词集 [宋] 辛弃疾 著　　　　古文观止 [清] 吴楚材 吴调侯 选注

纳兰性德词集 [清] 纳兰性德 著　　文心雕龙 [南朝梁] 刘勰 著

西厢记 [元] 王实甫 著　　　　　　　　[清] 黄叔琳 注 纪昀 评

　　　　[清] 金圣叹 评点　　　　　　李详 补注 刘咸炘 阐说

牡丹亭 [明] 汤显祖 著　　　　　　人间词话·王国维词集 王国维 著

　　　　[清] 陈同 谈则 钱宜 合评

部分将出书目

（敬请关注）

周礼	水经注	曹植集
公羊传	史通	诗品
穀梁传	孔子家语	李白全集
说文解字	日知录	杜甫全集
史记	文史通义	白居易诗集
汉书	传习录	花间集
后汉书	金刚经	幼学琼林
三国志	文选	龙文鞭影

上海古籍出版社
官方微信